» Edelvino Razzolini Filho

EDITORA
intersaberes

O selo DIALÓGICA da Editora InterSaberes faz referência às publicações que privilegiam uma linguagem na qual o autor dialoga com o leitor por meio de recursos textuais e visuais, o que torna o conteúdo muito mais dinâmico. São livros que criam um ambiente de interação com o leitor – seu universo cultural, social e de elaboração de conhecimentos –, possibilitando um real processo de interlocução para que a comunicação se efetive.

LOGÍSTICA EMPRESARIAL NO BRASIL

TÓPICOS ESPECIAIS

Edelvino Razzolini Filho

EDITORA intersaberes

Rua Clara Vendramim, 58 – Mossunguê
CEP 81200-170 – Curitiba – PR – Brasil
Fone: (41) 2106-4170
www.intersaberes.com
editora@editoraintersaberes.com.br

Conselho editorial » Dr. Ivo José Both (presidente)
Drª. Elena Godoy
Dr. Nelson Luís Dias
Dr. Neri dos Santos
Dr. Ulf Gregor Baranow

Editor-chefe » Lindsay Azambuja
Editor-assistente » Ariadne Nunes Wenger
Copidesque » Sandra Regina Klippel
Análise de informação » Adriane Beirauti
Capa » Sílvio Gabriel Spannenberg
Projeto gráfico » Raphael Bernadelli
Diagramação » Adoro Design
Iconografia » Danielle Scholtz

Dados Internacionais de Catalogação na Publicação (CIP)
(Câmara Brasileira do Livro, SP, Brasil)

Razollini Filho, Edelvino
  Logística empresarial no Brasil: tópicos especiais / Edelvino Razollini Filho. – Curitiba: InterSaberes, 2012. – (Série Logística Organizacional).

  Bibliografia.
  ISBN 978-85-8212-368-3

  1. Logística (Organização) 2. Logística empresarial – Brasil I. Título. II. Série.

CDD-658.78

12-09095

Índices para catálogo sistemático:
1. Logística empresarial:
   Administração de empresas   658.78

1ª edição, 2012.

Foi feito o depósito legal.

Informamos que é de inteira responsabilidade do autor a emissão de conceitos.

Nenhuma parte desta publicação poderá ser reproduzida por qualquer meio ou forma sem a prévia autorização da Editora InterSaberes.

A violação dos direitos autorais é crime estabelecido na Lei nº 9.610/1998 e punido pelo art. 184 do Código Penal.

Sumário

Apresentação, 8

Como aproveitar ao máximo este livro, 12

O papel dos sistemas logísticos, 18
- » Os sistemas logísticos e a resposta rápida, 23
- » Os sistemas logísticos e o operador logístico, 26
- » Os sistemas logísticos e as plataformas logísticas, 28
- » Os sistemas logísticos e o *global sourcing*, 29

Logística de resposta rápida, 38
- » A flexibilidade e a resposta rápida, 41
- » Concorrência baseada no tempo, 47
- » Ferramentas para a logística de resposta rápida, 50
- » Barreiras à implantação de sistemas de resposta rápida, 66

Operadores logísticos: conceito e funções, 78
» Atividades logísticas, 83
» Conceito de operador logístico, 89
» Classificação dos operadores logísticos, 107

Plataformas logísticas, 120
» Razões para a existência de plataformas logísticas, 125
» Definição de plataforma logística, 129
» Elementos integrantes de uma plataforma logística, 134

Global sourcing, 146
» A globalização e a nova visão da logística, 148
» Uma nova visão da logística, 184

Para concluir..., 198

Referências, 202

Respostas, 207

Sobre o autor, 215

Se você quer um ano de prosperidade, cultive trigo.
Se você quer dez anos de prosperidade, cultive árvores.
Se você quer cem anos de prosperidade, cultive pessoas.

Provérbio chinês

Apresentação

Buscando preencher uma lacuna conceitual nos textos disponíveis na área, elaboramos esta obra para discutir algumas questões que são essenciais para o bom desempenho dos sistemas logísticos. Na verdade, existem muitos materiais sobre o tema aqui tratado, contudo, vemos que as informações estão inseridas parcialmente dentro de capítulos de livros, o que faz com que apareçam de maneira superficial ou, até mesmo, de forma pouco compreensível, pela falta de aprofundamento no tema.

Em artigos, dissertações ou teses, é possível encontrarmos esses conteúdos abordados de forma mais aprofundada, sem estarem, no entanto, agrupados numa única obra que possa subsidiar estudantes em cursos de logística ou afins.

Assim, neste livro procuramos analisar alguns tópicos que são essenciais a um adequado gerenciamento dos sistemas logísticos, como a logística de resposta rápida, as plataformas logísticas, as práticas de *Global sourcing* (fornecimento em ambientes globais) e a figura dos operadores logísticos, como forma de aprofundar aspectos necessários à melhor competitividade suportada por logística eficiente e eficaz, que possibilitem às organizações obter maior agilidade, rapidez e flexibilidade – novos parâmetros de competitividade impostos às organizações contemporâneas.

Esta obra tem como subtítulo *tópicos especiais* porque objetiva preencher lacunas que vão levar você ao entendimento da efetividade (eficiência e eficácia) dos sistemas logísticos, em razão de que é indispensável a estudiosos e profissionais da área dominar tal conteúdo.

Para tanto, procuramos estruturar o material de forma que os assuntos possam ser trabalhados isoladamente ou em conjunto, como você preferir, de modo que possa facilitar a assimilação dos conceitos. Assim, você pode ler os capítulos em qualquer ordem desejada ou, ainda, na sequência que propomos.

Dispomos, então, o material da seguinte forma: 1) um capítulo introdutório, no qual apresentamos os temas a serem analisados no decorrer da obra, explicando a importância e o papel dos sistemas logísticos; 2) analisamos a logística de resposta rápida, proposta como importante alternativa para organizações que competem em mercados globalizados e altamente voláteis (que exigem flexibilidade e rapidez de resposta); 3) apresentamos uma importante figura, um novo "ator", nas cadeias de suprimentos, o operador logístico, que surgiu para prestar serviços no desempenho de atividades logísticas altamente especializadas, conferindo maior competitividade às organizações (oferecendo a necessária flexibilidade e rapidez de resposta que essas organizações precisam para competir em mercados globalizados); 4) estudamos as plataformas logísticas num contexto mais amplo, incluindo sua importância para o desenvolvimento de países ou de regiões econômicas dentro dos países; por fim, 5) abordamos a questão das práticas do *global sourcing* – que nada mais é do que a preparação dos sistemas logísticos para atuarem em mercados globalizados, de forma que as organizações possam ganhar competitividade –, iniciando com a questão da globalização, suas forças e suas implicações, pela sua extrema importância nos dias atuais.

Salientamos que, dentro dessa proposta, veremos alguns conceitos importantes à compreensão de como atuar em um ambiente logístico globalizado, que é a realidade para qualquer organização que pretenda competir nestas primeiras décadas do século XXI e, sobretudo, para os profissionais responsáveis pela gestão dos sistemas logísticos de tais empresas.

Ao final de cada capítulo (exceto no primeiro), inserimos um estudo de caso para que você, por meio de análise e discussão, possa fixar melhor os conceitos. Trata-se de um estudo de caso em que se manteve uma mesma empresa fictícia como objeto de estudo, de forma que é possível juntar todos os casos como se fossem um único, com várias situações a serem analisadas. Porém, você também pode utilizá-lo, como proposto, como um conjunto de casos individuais.

Esperamos ter atingido nosso objetivo e que você tenha uma boa leitura enriquecendo-o com novos conhecimentos ou, no mínimo, com uma nova visão da logística como disciplina em amadurecimento e que precisa de muitas novas contribuições, principalmente no Brasil, onde os organismos públicos responsáveis pela infraestrutura logística necessária para suportar o crescimento econômico têm feito muito pouco, comparativamente em relação àquilo que é necessário.

Como aproveitar ao máximo este livro

Este livro traz alguns recursos que visam enriquecer o seu aprendizado, facilitar a compreensão dos conteúdos e tornar a leitura mais dinâmica. São ferramentas projetadas de acordo com a natureza dos temas que vamos examinar. Veja a seguir como esses recursos se encontram distribuídos no projeto gráfico da obra.

》》 Conteúdos do capítulo

Logo na abertura do capítulo, você fica conhecendo os conteúdos que serão nele abordados.

》》 Após o estudo deste capítulo, você será capaz de:

Você também é informado a respeito das competências que irá desenvolver e dos conhecimentos que irá adquirir com o estudo do capítulo.

》》 Para saber mais

Você pode consultar as obras indicadas nesta seção para aprofundar sua aprendizagem.

》》 Estudos de caso

Esta seção traz ao seu conhecimento situações que vão aproximar os conteúdos estudados de sua prática profissional.

»» Síntese

Você dispõe, ao final do capítulo, de uma síntese que traz os principais conceitos nele abordados.

»» Questões para revisão

Com estas atividades, você tem a possibilidade de rever os principais conceitos analisados. Ao final do livro, o autor disponibiliza as respostas às questões, a fim de que você possa verificar como está sua aprendizagem.

›› Questões para reflexão

Nesta seção, a proposta é levá-lo a refletir criticamente sobre alguns assuntos e trocar ideias e experiências com seus pares.

> Com esta introdução, pretendemos motivar o aprofundamento em cada um dos temas apresentados, que são objeto de cada um dos capítulos subsequentes.
>
> ## ›› Questões para revisão
>
> 1) O que pode ser considerado como o principal suporte para sistemas logísticos de resposta rápida?
>
> 2) O que é uma plataforma logística?
>
> 3) O papel dos sistemas logísticos é tornar produtos ou serviços disponíveis, criando as utilidades de:
>   a. espaço e armazenamento.
>   b. espaço e transporte rápido.
>   c. espaço e tempo.
>   d. espaço e uso.
>   e. espaço e embalagem.
>
> 4) O principal mandato da logística contemporânea pode ser definido como:
>   a. agilidade.
>   b. velocidade.
>   c. flexibilidade.
>   d. qualidade.
>   e. suprimentos.

O PAPEL DOS SISTEMAS LOGÍSTICOS

›› Conteúdos do capítulo:

» Apresentação do plano da obra, destacando a importância dos sistemas logísticos para a competitividade das organizações;

» Apresentação dos sistemas logísticos que buscam apresentar resposta rápida às demandas dos clientes;

» Apresentação dos operadores logísticos como prestadores de serviços logísticos especializados e diferenciados;

» Destaque para a importância das plataformas logísticas para suportar os sistemas logísticos organizacionais e incrementar o desenvolvimento econômico das regiões onde são instaladas;

» Demonstração de que o fenômeno da globalização possibilitou práticas de suprimentos globais, denominadas *global sourcing*.

›› Após o estudo deste capítulo, você será capaz de:

» discorrer sobre a importância da logística para as organizações e para os sistemas econômicos;

» conceituar logística de resposta rápida;

» entender a importância dos operadores logísticos dentro das cadeias de suprimentos;

» entender o conceito de plataforma logística;

» compreender os princípios básicos das práticas logísticas globais.

Você sabia que somente há bem pouco tempo (desde o início dos anos 1990), no Brasil, as organizações começaram a compreender que o adequado gerenciamento logístico pode apresentar um impacto vital para a obtenção de vantagens competitivas duradouras (Christopher, 1997)?

É interessante frisarmos que, apesar de existirem diferentes conceitos para a expressão *gerenciamento logístico*, existe a concordância de que o objetivo da logística é a disponibilidade de produtos na data e no local necessários. Com isso, podemos perceber que o papel dos sistemas logísticos é tornar produtos ou serviços disponíveis, criando, assim, as utilidades de espaço (local) e de tempo (momento). Observe a seguir o que diz Razzolini Filho (2006, p. 30) sobre isso:

> *A logística pode ser definida como parte do processo de gestão da cadeia de suprimentos que objetiva planejar, implementar e controlar, de maneira eficiente e eficaz, o fluxo bidirecional físico e de informações, bem como o armazenamento de bens e serviços, da origem ao ponto de consumo, sempre tendo em mente os objetivos da empresa e dos clientes.*

Portanto, para definirmos *logística*, é necessário compreendermos que os sistemas logísticos são mais abrangentes e extrapolam o intramuros das organizações. Isto é, iniciam-se no fornecimento de matéria-prima e passam por todas as etapas produtivas dentro da organização, percorrendo os canais de *marketing* (ou de distribuição) até chegar ao cliente, sendo que, modernamente, continuam até o retorno do produto para o reinício do processo produtivo ou a sua destruição final pela organização – a chamada *logística reversa* (Leite, 2003). Atente para o fato de que esse ambiente, no qual a logística atua, exige uma profunda integração entre todos os elos da cadeia de suprimentos, com o intuito de se obter um adequado nível de serviços a ser oferecido aos clientes da organização.

A partir daí, é possível concluirmos que o correto gerenciamento dos sistemas logísticos pode determinar, inclusive, o sucesso ou o fracasso organizacional a respeito do atingimento de seus objetivos globais, e não apenas em relação aos aspectos logísticos.

Além disso, a realidade empresarial brasileira nos permite observar que, principalmente nas pequenas e nas médias indústrias, não existe familiaridade com as mais modernas técnicas desenvolvidas pela logística como um importante e fundamental instrumento gerencial que permite obter maior competitividade. Diante da constatação dessa realidade empresarial brasileira, é preciso divulgarmos as práticas logísticas modernas como um fator diferenciador e com uma forte ênfase na competitividade daí resultante.

Pelo exposto, consideramos de suma importância o estudo de fatores que possam representar vantagens competitivas às empresas nacionais diante das profundas transformações que ocorrem no ambiente logístico e, sobretudo, no ambiente empresarial globalizado. Segundo pesquisa elaborada pelo Serviço Brasileiro de Apoio às Micro e Pequenas Empresas (Sebrae), que mostra os dados do triênio 2000 a 2002, depois de 2 anos de vida, 49,4% das empresas fecham as suas portas. Essa taxa sobe para 55,64% para empresas com até 3 anos de vida e, para 59,9% para as empresas com até 4 anos de existência (Sebrae, 2007). Esses dados nos mostram que essa parcela de empreendedores que sonhavam com o sucesso empresarial saíram dessa "experiência carregando dívidas e cicatrizes na alma" (Breitinger, 1998).

Existe ainda um sério problema cultural do povo brasileiro a ser considerado, que é a famosa "Lei de Gerson", em que impera a cultura do ganha-perde. Via de regra, todo empresário brasileiro é imediatista e, portanto, somente consegue planejar para um horizonte de curto prazo, querendo resultados imediatos e sem se preocupar com o estabelecimento de parcerias, o que acaba dificultando ainda mais a existência de práticas logísticas modernas dentro do planejamento estratégico (quando este existe).

Destacamos que são as instituições que utilizam um adequado planejamento estratégico, sobretudo com forte ênfase competitiva apoiada pelos seus sistemas logísticos, que

tendem a sobreviver ao longo do tempo, gerando empregos, renda e, em última análise, contribuindo para o desenvolvimento econômico de um país.

Observe que as empresas precisam competir com maior eficácia para fortalecer sua posição no mercado, por meio da utilização de regras claras para um comportamento competitivo desejável em termos sociais, estabelecido por padrões éticos e morais. Pelos estudos até aqui efetuados, percebemos que as práticas logísticas modernas dentro da cadeia de valor podem ser um fator fundamental para gerar a diferenciação e a competitividade daí resultante.

» Os sistemas logísticos e a resposta rápida

Segundo o Council of Logistics Management (CLM, 1995), a definição de uma cadeia logística ideal é dada pela demanda do cliente por um fluxo de entrega eficiente. Cada vez mais as empresas de classe mundial direcionam seus esforços no sentido de usar velocidade e rapidez nas entregas como estratégias competitivas. Veja que, assim, soluções com base no tempo exigem que sejam cuidadosamente analisadas as cadeias logísticas, tendo em vista três fatores essenciais: a) sistemas puxados, b) compressão do tempo e c) velocidade. Cada um desses fatores exige mudanças na forma como se negocia nas empresas.

Mas você sabe o que são exatamente esses fatores? A seguir detalhamos cada um deles separadamente.

» Sistemas puxados – entenda por *sistema puxado* aquele em que as atividades de produção ou de logística são desenvolvidas com base na existência de uma demanda dos clientes ou de atividades subsequentes (posteriores), ou seja, é sempre a atividade subsequente ou posterior. Esses sistemas originam-se da aplicação dos princípios da filosofia de produção *just in time* (JIT).

É interessante que você saiba que esse sistema representa uma das mais pronunciadas mudanças na forma como as empresas administram seus negócios. Quando uma instituição assume uma postura operacional de "puxar", é a logística que suporta esse posicionamento, sendo que o seu efeito na estrutura da cadeia de suprimentos é significante. Cada vez mais organizações varejistas estão sendo suportadas por sistemas de resposta rápida e programas de reabastecimento contínuos, uma vez que são os clientes que "puxam" os produtos. Os produtos passam a ser transportados rapidamente e nas quantidades precisas para os lugares onde são requisitados.

» Compressão do tempo – significa gerenciar os tempos de execução das atividades visando sua redução; busca reduzir os tempos de ciclo (*lead times*) das operações para fazer as coisas mais rapidamente. Saiba que a compressão do tempo implica que todas as cadeias logísticas

sejam unidas através de uma série de ciclos de pedidos, que representam o trabalho a ser realizado no tempo (*in time*) do recebimento de uma ordem ou quando uma exigência de cliente é identificada até o momento efetivo da entrega do produto ou do material. O principal benefício da compressão de tempo é reduzir as chances de erros operacionais, pois o tempo para erro também é reduzido quando as operações são sincronizadas ao longo da cadeia de suprimentos.

» Velocidade – aqui você precisa entender o fator através de duas perspectivas. Sob a perspectiva do cliente, relaciona-se com o período total de tempo que o cliente tem de esperar entre solicitar um produto e recebê-lo. Sob a perspectiva da empresa, relaciona-se com o período total de tempo que a área de produção tem de esperar entre solicitar materiais, recebê-los, fabricar e entregar o produto acabado para armazenagem.

A velocidade é o principal mandato da logística contemporânea, e o seu objetivo consiste em executar as atividades essenciais mais rapidamente e com maior precisão. Com isso você já pode ter percebido que o foco principal da velocidade é aumentar o giro de estoques, uma vez que existe uma relação direta entre a estrutura da cadeia logística e a redução do tempo de entrega. Isso acarreta que, uma vez iniciado o movimento físico de produtos, ele deve continuar sem interrupções até chegar ao destino final.

Você deve ter percebido até aqui que a resposta rápida é o grande desafio dos sistemas logísticos no século XXI, em razão de que o suporte proporcionado pela tecnologia da informação tem possibilitado cada vez mais recursos tecnológicos antes indisponíveis.

>>> Para saber mais

FIGUEIREDO, T. B. **Aplicação das tecnologias sem fio na logística**. 2004. Dissertação (Mestrado em Engenharia da Produção) – Pontifícia Universidade Católica do Rio de Janeiro, Rio de Janeiro, 2004. Disponível em: <http://www.maxwell.lambda.ele.puc-rio.br/Busca_etds.php?strSecao=resultado&nrSeq=5387@1>. Acesso em: 13 jan. 2011.

Nessa dissertação, você vai encontrar informações sobre a utilização de tecnologias sem fio – como a identificação por radiofrequência, por exemplo –, que podem conferir maior agilidade aos sistemas logísticos e que, atualmente, têm sido bastante relevantes para o melhor funcionamento dos sistemas logísticos.

>> Os sistemas logísticos e o operador logístico

Você sabe quais são as atribuições e competências de um operador logístico?

Ele é um importante elemento integrador das cadeias de suprimentos; na atualidade, um prestador de serviços logísticos altamente especializado, que pode contribuir com flexibilidade, rapidez e maior agilidade para as organizações que os contratam.

Os operadores logísticos executam as atividades logísticas das organizações, atendendo a padrões estabelecidos por elas (expressos em termos de nível de serviço desejado), oferecendo custos competitivos, de forma que essas organizações possam se concentrar na execução de suas competências centrais – o chamado *core business* – e, com isso, sejam mais competitivas e inovadoras, deixando o trabalho logístico para quem é especialista.

Portanto, um operador logístico é um prestador de serviços, terceirizado, especialista no gerenciamento de sistemas logísticos, no todo ou em parte, que visa agregar valor aos produtos dos clientes que os contratam. Essa forma de entender os operadores logísticos nos permite compreender seu papel e sua importância para os canais de distribuição em mercados globalizados, altamente competitivos e voláteis.

Embora estejam aptos a atuar (e de fato atuem) em todas as etapas da cadeia de suprimentos, é nos canais de distribuição que a relevância dos operadores logísticos ganha destaque, executando as atividades logísticas (primárias e operacionais) com maior competência, uma vez que são altamente especializados. Os operadores logísticos permitem ganhos significativos de tempo, agilidade e flexibilidade

para seus clientes melhorarem o nível de serviço oferecido a seus clientes finais.

Apesar de a existência da figura do operador logístico no mercado brasileiro ser relativamente recente, sua evolução tem sido constante e significativa, atraindo os grandes operadores internacionais que hoje disputam mercado com empresas nacionais (oriundas em sua maioria de transportadoras) que se qualificaram e se capacitaram para enfrentar a concorrência acirrada existente no mercado.

❯❯ Os sistemas logísticos e as plataformas logísticas

Quando pensamos no desenvolvimento de um país, é impossível não pensarmos na infraestrutura necessária para que tal fato aconteça. Sob a ótica da logística, é necessário dotar as regiões de maior movimentação de cargas de infraestrutura, de modo a reunir todas as facilidades indispensáveis para melhorias da eficiência logística. Assim, o conceito de plataforma logística deve ser sempre considerado no desenvolvimento regional dentro de um país.

Mas você sabe o que é isso? As plataformas logísticas são as instalações que reúnem as facilidades necessárias para a melhoria da infraestrutura das regiões que demandam maiores volumes de produtos, sendo estes transportados para diferentes áreas de um país. Apresentam condições de serviços de apoio, estruturas de armazenagem, serviços públicos etc., a fim de proporcionar a necessária eficiência aos sistemas logísticos das empresas que utilizam tais plataformas. Também possibilitam que se organizem de maneira eficiente o fornecimento e a distribuição de bens (produzidos no país ou importados) e, como consequência, permitem redução nos custos operacionais dos seus usuários.

Podemos, então, entender que, de uma forma simplificada, uma plataforma logística é uma central de distribuição, consolidação e desconsolidação ou simples transbordo de cargas, que reúne as diferentes opções de modais de transportes, contando com a necessária infraestrutura para garantir um funcionamento operacional eficiente dos sistemas logísticos empresariais.

Esclarecemos que as plataformas logísticas podem suportar sistemas logísticos de resposta rápida, movimentos antecipatórios, práticas de *global sourcing* ou, ainda, qualquer arranjo logístico pensado ou desenhado para garantir maior competitividade às organizações empresariais com base em seus sistemas logísticos.

» Os sistemas logísticos e o *global sourcing*

Com certeza você já ouviu e leu muito sobre *globalização*, não é mesmo? Embora muito se escreva sobre ela, pouco se encontra na literatura a respeito dos sistemas logísticos nessa

abordagem. Assim, encontramos aqui uma análise das questões globais de suprimentos, produção e distribuição, deixando de lado aspectos socioeconômicos e outros. Dessa forma, procuramos analisar essa abordagem da logística sob a ótica da competitividade.

Perceba que, a cada dia que passa, a logística assume papel relevante nas organizações, pois mudanças nas expectativas dos clientes ou na localização geográfica alteram continuamente a natureza dos mercados, que, por sua vez, geram restrições que alteram o fluxo de mercadorias dentro das empresas. Mudanças tecnológicas e mercados emergentes dão origem a novas formas de reorganizar, adaptar e otimizar o fluxo de matérias-primas, produtos semiacabados, produtos acabados, peças de reposição e materiais reciclados.

Ao analisarmos a trajetória da logística, vemos que, tradicionalmente, ela e as operações produtivas desenvolviam-se dentro de áreas geográficas específicas e eram controladas por uma determinada área funcional (por exemplo, *marketing* ou produção). Destacamos que a gestão do fluxo físico era definida por essa área geográfica restrita e com foco no atendimento às necessidades da função que a controlava.

Hoje podemos perceber que as organizações procuram atuar em níveis globais. Segundo Dornier *et al.* (2000), existe uma lógica clara por trás da atuação das organizações globais: ampliar negócios expandindo mercados, enquanto buscam redução de custos por meio de economias de escala* nas

---

* Tratamos de economia de escala quando organizamos os recursos de produção de forma a se obter uma utilização máxima desses recursos, tendo como objetivo baixos custos de produção e, com isso, maior competitividade pela possibilidade de oferecer preços finais mais competitivos.

compras e na produção e através da concentração de operações de fabricação e montagem.

Diante disso, salientamos que a prática de *global sourcing* é uma visão mais abrangente do que a chamada *administração da cadeia de suprimentos* (Supply Chain Management – SCM*), pois se trabalha com fornecedores/parceiros e clientes independentemente da sua localização geográfica no globo terrestre. Para tanto, é necessário que práticas de pesquisa e desenvolvimento de novos produtos sejam feitas em conjunto, que a transmissão eletrônica de dados *Electronic Data Interchange* (EDI) seja uma ação constante e que se busque a logística de resposta rápida, entre outras que relacionaremos nesta obra.

Diante do que falamos até aqui, um breve resumo do que será tratado nesta obra, é possível você perceber a importância do papel dos sistemas logísticos não apenas para a competitividade das organizações empresariais, mas até mesmo para o desenvolvimento de regiões dentro de países, como é o caso das plataformas logísticas.

Você pode concluir conosco, então, que o papel que os sistemas logísticos exercem dentro das organizações é um dos mais importantes. Isso decorre do fato de que um sistema logístico adequadamente estruturado é capaz de gerar a necessária diferenciação para suportar estratégias competitivas em mercados turbulentos e globais e, ao mesmo tempo, alavancar o crescimento regional.

- Sobre o SCM, iremos estudá-los com maior detalhamento no capítulo 5.

» Síntese

Neste capítulo introdutório, procuramos apresentar o plano geral do livro, fazendo uma breve apresentação dos conteúdos a serem trabalhados nos capítulos subsequentes. Assim, buscamos resumir a importância dos sistemas logísticos, destacando seu papel para o correto funcionamento das organizações, demonstrando sua finalidade de permitir maior competitividade às organizações por meio da disponibilização dos seus produtos ou serviços, de forma a agregar valor pelas utilidades espaciais (o produto no lugar correto) e temporais (no momento em que o cliente necessita). Discorremos sobre a importância de que as organizações adotem práticas logísticas modernas, uma vez que a logística empresarial contemporânea tem evoluído diariamente, exigindo atualização constante das pessoas.

Também apresentamos a você os conceitos introdutórios da logística de resposta rápida, entendida como o conjunto de práticas que possibilitam às organizações responder às demandas dos clientes de forma rápida e objetiva, com o intuito de conquistá-los pelo pronto atendimento às suas solicitações por produtos ou serviços, por meio de programas de reabastecimento contínuos. Você foi apresentado, ainda, a três pilares importantes para sistemas logísticos de resposta rápida: os sistemas produtivos puxados (que são baseados nas práticas do *just in time* – JIT); a compressão do fator temporal, uma vez que é necessário reduzir os tempos de ciclo ao longo das cadeias logísticas; e a necessidade de velocidade para realizar as atividades logísticas de forma rápida e precisa, como suporte à competitividade baseada em sistemas logísticos.

Na sequência, apresentamos a figura do operador logístico, que é um prestador de serviços logísticos terceirizados, altamente especializado, que contribui com as organizações em suas práticas de resposta rápida, oferecendo condições de atuação nos três pilares (JIT, compressão de tempo e velocidade) e possibilitando níveis de serviço mais elevados aos clientes finais das organizações que os contratam.

Em seguida, introduzimos o tema plataformas logísticas, que são entendidas como instalações logísticas que contam com facilidades para melhorar a infraestrutura naquelas regiões onde existe elevado tráfego de produtos destinados ao abastecimento de regiões geográficas consideravelmente significativas. Afirmamos a importância das plataformas logísticas para oferecer suporte a uma maior eficiência dos sistemas logísticos, por meio da concentração em um mesmo espaço físico de diferentes recursos que integram um sistema logístico.

Finalizamos esta introdução com a apresentação das modernas práticas de obter e distribuir suprimentos em termos globais, o conceito de *global sourcing*, cada vez uma prática mais usual, principalmente para organizações globais, uma vez que a localização geográfica de fornecedores ou clientes passa a ser menos importante em virtude da existência de suporte logístico para operar sistemas globais.

Com esta introdução, pretendemos motivar o aprofundamento em cada um dos temas apresentados, que são objeto de cada um dos capítulos subsequentes.

» Questões para revisão

1) O que pode ser considerado como o principal suporte para sistemas logísticos de resposta rápida?

2) O que é uma plataforma logística?

3) O papel dos sistemas logísticos é tornar produtos ou serviços disponíveis, criando as utilidades de:
   a. espaço e armazenamento.
   b. espaço e transporte rápido.
   c. espaço e tempo.
   d. espaço e uso.
   e. espaço e embalagem.

4) O principal mandato da logística contemporânea pode ser definido como:
   a. agilidade.
   b. velocidade.
   c. flexibilidade.
   d. qualidade.
   e. suprimentos.

5) São exemplos de pilares importantes para sistemas logísticos de resposta rápida:
   a. Sistemas produtivos puxados e compressão do tempo.
   b. Sistemas produtivos empurrados e compressão do tempo.
   c. Sistemas produtivos empurrados e velocidade.
   d. Velocidade e expressão do tempo.
   e. Expressão do tempo e sistemas produtivos puxados.

» Questão para reflexão

Como podemos entender a prática de *global sourcing*?

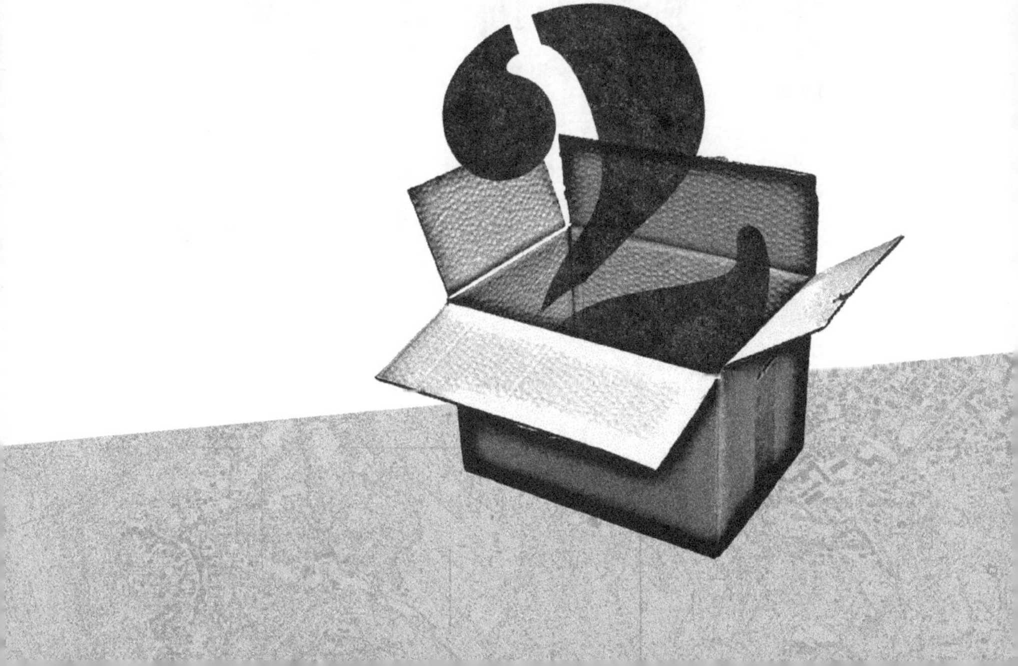

LOGÍSTICA DE RESPOSTA RÁPIDA

》》 Conteúdos do capítulo:

» Importância das tecnologias de informação e de comunicação para os sistemas logísticos;
» Sistemas logísticos responsivos e a flexibilidade;
» Competitividade baseada na redução de tempos de ciclo;
» Apresentação de ferramentas dos sistemas logísticos para práticas de resposta rápida;
» Dificuldades em implementar sistemas logísticos responsivos.

》》 Após o estudo deste capítulo, você será capaz de:

» compreender a integração entre tecnologia da informação e logística;
» conceituar sistemas logísticos de resposta rápida;
» identificar a importância de reduzir tempos de ciclo nas operações logísticas;
» identificar ferramentas de resposta rápida.

Devido à necessidade de as empresas se adaptarem aos sistemas *just in time* (JIT), a logística contribuiu com a chamada *resposta rápida*. Logicamente, desse ponto em diante, você percebe que a ideia da logística de resposta rápida é desenvolver sistemas logísticos que respondam rapidamente às mudanças no ambiente empresarial.

A expressão *logística de resposta rápida* é bastante abrangente, pois inclui a junção de tecnologias de informação e de comunicação (TICs*) com sistemas logísticos JIT, visando atender clientes em segmentos de mercado, com o produto correto, entregue no local correto e no momento em que seja demandado. Em outras palavras, podemos dizer que o que possibilitou o surgimento de sistemas logísticos de resposta rápida foi o acentuado desenvolvimento das TICs, a possibilidade de conexão das empresas em redes, a utilização do Eletronic Data Interchange (EDI), o código de barras, a identificação por radiofrequência (Radio Frequency Identification – RFID), os pontos de vendas eletrônicos (Epos), entre outras tecnologias rapidamente assimiladas pela logística.

Destacamos que a filosofia dos sistemas JIT exige da logística a entrega de pequenas quantidades de matérias-primas, produtos em processo ou produtos acabados numa frequência maior, o mais próximo possível do momento exato da sua necessidade. Assim, é interessante saber que, segundo Christopher (1997, p. 170), "o princípio básico da logística do JIT é assegurar que todos os elementos da cadeia estejam

---

* Entende-se *TICs* como uma expressão "guarda-chuva", que inclui *software*, *hardware*, redes, recursos de telecomunicações etc.

sincronizados, devendo haver uma sinalização antecipada das necessidades de remessas e de reabastecimento e, mais importante, o mais alto nível de disciplina de planejamento".

>>> Para saber mais

HARRISON, A.; HOEK, R. VAN **Estratégia e gerenciamento de logística**. São Paulo: Futura, 2003.
Indicamos a leitura deste livro, e pedimos sua especial atenção para a leitura dos capítulos 6 e 7. No capítulo 6, os autores tratam do JIT, buscando explicar essa filosofia e como ela se relaciona com o gerenciamento da cadeia de suprimento. Já no capítulo 7, você vai encontrar uma demonstração da cadeia de suprimento ágil, explicações sobre a sinergia existente entre as mentalidades enxuta e ágil, bem como a importância desse pensamento para a formulação da estratégia logística.

>> A flexibilidade e a resposta rápida

Em essência, o que se deseja é criar um sistema logístico responsivo que possa substituir estoques por informações, com base na união dos recursos disponibilizados pela tecnologia da informação com a necessária flexibilidade operacional (Christopher, 1999, p. 170).

Observe que um sistema logístico que responde rapidamente às mudanças ambientais é um sistema efetivo (eficiente e eficaz) em termos de atender às demandas do mercado (fornecedor e/ou comprador) no momento em que elas acontecem. Diante disso, a logística de resposta rápida trata de disponibilizar ao cliente – que é o responsável por "puxar" a produção –

> *as quantidades de produtos por ele solicitadas, no momento e no local exatos, pelo menor custo possível e com o máximo de valor agregado percebido pelo mesmo. Ou seja, se os prazos passam a ser cada vez mais curtos, a logística deve orientar-se para o serviço ao cliente e com o máximo de flexibilidade possível, numa visão sistêmica do processo.*
> (Razzolini Filho, 2006)

Portanto, para que a logística de resposta rápida aconteça de fato nas organizações, é necessária a implantação de sistemas logísticos flexíveis, pois "o desenvolvimento de organizações flexíveis de rotina como parte integrante das operações logísticas normais é relativamente novo e vem crescendo rapidamente" (Bowersox; Closs, 2001, p. 406). Salientamos que essas organizações flexíveis possibilitam que as empresas, por um lado, reduzam seus custos operacionais e, por outro, melhorem o nível de serviço oferecido aos clientes.

>>> Para saber mais

WANKE, P. **Posicionamento logístico e a definição da política de atendimento aos clientes**. Disponível em: <http://www.multistrata.com.br/site-brasilian/biblioteca/posicionamento_logistico_3.htm>. Acesso em: 18 jan. 2011.

Trata-se de um ótimo artigo do professor Peter Wanke, que mostra a importância de um claro posicionamento logístico e da definição de políticas claras de atendimento aos clientes (para garantir níveis de serviço elevados). Vale a pena a leitura. Com certeza, você vai gostar de aprofundar seus conhecimentos.

Você, a esta altura de nossa explanação, já deve ter percebido que os sistemas logísticos devem ser suportados por processos logísticos flexíveis, uma vez que tais sistemas podem ser a base de sustentação para organizações logísticas mais flexíveis. Isto é, "a logística existe para satisfazer às necessidades do cliente" (Bowersox; Closs, 2001, p. 23).

Essa busca pela flexibilidade dos sistemas logísticos caracteriza-se por uma "integração dinâmica e flexível entre os componentes da cadeia de suprimento, em dois níveis: dentro da empresa e nas inter-relações da empresa com seus fornecedores e clientes" (Novaes, 2001, p. 46). A rápida evolução dos recursos das TICs possibilitou uma maior integração entre processos organizacionais, gerando importantes impactos agilizadores das cadeias de suprimentos.

Segundo Bowersox e Closs (2001, p. 394), apresentar a capacidade de produção com base em resposta rápida implica "maior ênfase para atender às exigências do cliente". Perceba que, para conseguir atingir *status* de organização logística flexível, uma empresa precisa analisar duas vertentes significativas: a estrutura de seus sistemas logísticos e os processos aplicados no sistema. Para Razzolini Filho (2004), a flexibilidade pode ser "de estado ou estrutural" e "de ação ou processual", e deve ser analisada sob quatro perspectivas: 1) interna; 2) externa; 3) temporal; 4) espacial.

Podemos conseguir a flexibilidade de estado ou estrutural a partir do desenho (arquitetura) dos sistemas logísticos, implicando investimentos em ativos físicos. Por outro lado, a flexibilidade de ação ou processual significa que a organização define processos que apresentam flexibilidade. A partir daí, o autor propõe etapas a serem seguidas para implementar sistemas logísticos flexíveis, conforme você pode verificar no Quadro 2.1 – a seguir:

≫ Quadro 2.1 – **Etapas para implementar sistemas logísticos flexíveis**

1	Identificar necessidades da organização em relação ao sistema logístico, com base em uma visão do mercado (externa), em termos dos subsistemas de suprimentos, produção e distribuição.
2	Definir recursos necessários para o bom funcionamento do sistema logístico (físicos ou materiais, financeiros, tecnológicos, humanos, de comunicação), visando maximizar sua utilização.
3	Tomando por base planejamento estratégico da organização, projetar expansões necessárias a longo prazo.
4	Mapear todos os processos de cada um dos subsistemas logísticos, bem como os fluxos logísticos (de informações, físicos e financeiros).
5	Identificar cada uma das atividades envolvidas nos processos logísticos.
6	Estudar formas de simplificar e padronizar processos/atividades.
7	Planejar mecanismos de controle que possibilitem o acompanhamento operacional dos processos e das atividades do sistema logístico.
8	Estabelecer o nível de serviço desejado para cada classe de clientes.
9	A partir da flexibilidade desejada, efetivar o desenho do sistema logístico.
10	Implementar o sistema logístico desenhado, com a intenção de obter flexibilidade.
11	Avaliar periodicamente o desempenho de cada subsistema logístico, em termos: financeiros (custos e rentabilidade); de produtividade (eficiência do sistema logístico); de tempo (capacidade de resposta do sistema) e de nível de serviço (qualidade do serviço oferecido aos clientes para satisfazer e/ou superar suas expectativas).

(continua)

(Quadro 2.1 – conclusão)

12	Auditar periodicamente cada subsistema logístico, usando como referência definição de um programa periódico de auditoria.
13	Retroalimentar todo o processo visando ao aprimoramento contínuo.

Fonte: Adaptado de Razzolini Filho, 2006, p. 164.

Após analisar o quadro, você deve ter percebido a seguinte lógica: somente sistemas flexíveis podem atender às necessidades de resposta rápida solicitadas pelos clientes, adicionando valor às suas demandas. Portanto, os sistemas logísticos devem ser flexíveis para proporcionar, em termos de competitividade, a rapidez necessária nos dias atuais, uma vez que é preciso agregar valor aos produtos/serviços entregues aos clientes. Quando falamos em *entregar valor aos clientes*, estamos incluindo, além da entrega física do produto ou a apresentação de um serviço, os canais de distribuição que foram utilizados, a flexibilidade de resposta, os recursos de tecnologia da informação que permitem ligar comprador-fornecedor etc. (Christopher, 1999, p. 89).

Ao implantar sistemas flexíveis, as organizações podem conseguir ganhos invejáveis em relação àquelas organizações que não ofereçam flexibilidade nos seus processos logísticos. Ocorre que, em pleno século XXI, as organizações devem competir aproveitando os novos instrumentos de colaboração gerados pelas novas tecnologias de informação e comunicação, os quais possibilitam que elas se tornem mais ágeis e, consequentemente, melhorem seus níveis de serviços. Essas exigências de sistemas JIT, aliadas à colaboração mais estreita entre as empresas, à flexibilidade e à rapidez, fazem com que as organizações se obriguem a competir com base em critérios temporais que, cada vez mais, aceleram seus processos competitivos, conforme veremos na continuação.

》 Concorrência baseada no tempo

Atualmente, tanto clientes como fornecedores e concorrentes estão cada vez mais sensíveis a uma capacidade de movimentação rápida. Trata-se de uma busca obstinada em encurtar os tempos de cada processo de negócios. Nas empresas, essa concorrência baseada no tempo pode ser mensurada por meio do seu ciclo operacional, ou seja, o tempo decorrido desde a aquisição de insumos e de matérias-primas, passando por todas as etapas de produção, até a venda do produto acabado e, finalmente, o recebimento das vendas efetuadas.

Ultimamente percebemos que os profissionais da logística estão começando a utilizar as TICs em esforços racionais que objetivam aumentos de velocidade, com maior precisão, para o desempenho dos sistemas logísticos. Com isso, é possível melhorar a confiabilidade das previsões de vendas e, ao mesmo tempo, reduzir a dependência gerada por um comprometimento antecipado de estoques.

Você saberia apontar a principal razão pela qual se procura implantar sistemas logísticos de resposta rápida? A resposta é óbvia: reduzir as necessidades de recursos financeiros para o desempenho das atividades logísticas. Segundo Christopher (1999, p. 136), três aspectos da concorrência com base no tempo são importantes e devem ser gerenciados com eficiência e eficácia para que a organização seja mais efetiva, com maior flexibilidade, e, portanto, mais lucrativa. Essas três questões referem-se ao tempo de comercialização, ao tempo de serviço e ao tempo de reação, os quais descrevemos a seguir.

» Tempo de comercialização – trata-se do tempo que a organização leva para reconhecer uma oportunidade de mercado, traduzi-la em produto ou serviço e lançá-la no mercado. Isso decorre da atual diminuição do ciclo de vida dos produtos (característica comum na maioria dos setores e tecnologias), o que torna essenciais a rapidez e a flexibilidade necessárias para aproveitar as oportunidades momentâneas. Destacamos que, quando se perde o *"timing"* desse processo, corre-se o risco de ficar com estoques obsoletos ou antiquados, obrigando as organizações a fazerem liquidações ou "queimas" de estoque, com a consequente perda financeira daí resultante (Christopher, 1999, p. 137).

» Tempo de serviço – refere-se ao tempo que uma empresa leva para receber, registrar um pedido e entregar um produto, satisfazendo às necessidades de seu cliente. Nessa visão de concorrência baseada no tempo, quanto menor o tempo de serviço (ou de ciclos de pedidos), maior a vantagem competitiva da organização. Porém, saiba que não é tão simples assim a sua execução, uma vez que a administração do ciclo pedido-entrega exige que se visualize todo o processo de atendimento de pedidos e das causas do consumo de tempo, bem como a variabilidade desse processo. Portanto, uma abordagem multifuncional deve ser adotada para estudar esse aspecto (Christopher, 1999, p. 144).

» Tempo de reação – diz respeito ao tempo que a organização leva para ajustar sua produção em resposta a demandas voláteis. A volatilidade da demanda, usualmente, apresenta, entre outras, as seguintes causas: ações da concorrência; mudanças no gosto dos clientes; mudanças na moda e atividades promocionais próprias. Entendemos que, nessas condições, a probabilidade de falta ou excesso de estoques é uma realidade clara a ser enfrentada pela logística, ou seja, o tempo de reação refere-se ao "tempo que levamos para responder a uma mudança na demanda, para cima ou para baixo" (Christopher, 1999, p. 149).

Por fim, destacamos que, em relação a produtos complexos (com muitos materiais ou componentes), "é a velocidade do elemento mais lento que determina o tempo total do canal de suprimentos" (Christopher, 1999, p. 149); portanto, devemos trabalhar para acelerar o tempo de resposta do elemento mais lento, num ciclo contínuo de aperfeiçoamento, que visa reduzir o tempo total do canal.

Para Bowersox e Closs (2001, p. 394), existem dois conceitos logísticos importantes para a efetivação da logística baseada no tempo: a consolidação e a postergação, conforme veremos a seguir.

>>> Para saber mais

ZYLSTRA, K. D. **Distribuição Lean**: a abordagem enxuta aplicada à distribuição, logística e cadeia de suprimentos. Porto Alegre: Bookman, 2008.

Esse livro procurar mostrar a você como superar a barreira dos erros de previsão por meio da aplicação de práticas *lean* comprovadas, que reduzem custos e simplificam processos de distribuição. Fornece fundamentos com recomendações específicas para personalizar a abordagem enxuta (*lean*), visando transformar os negócios com uma distribuição mais efetiva, melhorando o serviço ao cliente.

>> Ferramentas para a logística de resposta rápida

O que possibilitou o surgimento e a manutenção de sistemas logísticos flexíveis e com rapidez de resposta, conforme afirmamos anteriormente, foi o desenvolvimento cada dia mais acentuado da tecnologia da informação. Percebemos, assim, que as ferramentas que possibilitam maior rapidez de resposta estão relacionadas diretamente com tecnologia da informação e bons projetos para os sistemas logísticos.

»» Postergação

Você sabe o que significa a palavra *postergar*?

Postergar significa deixar para depois o que pode ser adiado. Trata-se de um meio que permite reduzir o risco implícito nas estratégias de antecipação (em que altos volumes de recursos financeiros são aplicados em estoques). Segundo Bowersox e Closs (2001, p. 394), caso seja possível adiar (postergar) atividades produtivas ou de distribuição dos produtos até o efetivo recebimento dos pedidos de clientes, minimiza-se ou elimina-se o risco de produzir ou formar estoques incorretos ou inadequados.

Esses autores nos apresentam dois tipos de postergação: a de produção e a logística. A postergação de produção funciona de forma que os produtos sejam fabricados atendendo-se apenas a um pedido de cada vez, de modo que eles fiquem em um "estado neutro ou descompromissado durante o maior tempo possível" (Bowersox; Closs, 2001, p. 395). Assim, não são desenvolvidas atividades de compras de matérias-primas ou insumos até se ter o conhecimento claro das especificações dos clientes.

Enfatizamos ainda que, segundo Bowersox e Closs (2001, p. 395), isso conduz a dois aspectos altamente positivos: 1) é possível reduzir a variedade de produtos diferenciados, que são movimentados com antecedência à venda, o que implica menores riscos de problemas logísticos; 2) gera uma utilização cada vez mais acentuada de facilidades logísticas e de relacionamentos nos canais de distribuição que permitem a realização de produção leve e a montagem final.

A postergação logística implica a manutenção de estoques antecipados de linhas completas "em apenas um ou alguns locais estratégicos" (Bowersox; Closs, 2001, p. 395). Com isso, a destinação final dos estoques é adiada até o recebimento dos pedidos para iniciar o processo logístico.

A partir do recebimento do pedido, inicia-se o processo logístico, quando "todos os esforços são feitos para mover produtos diretamente para os clientes o mais rapidamente possível" (Bowersox; Closs, 2001, p. 395). Atente para o fato de que, com isso, pode-se manter economias de escala na produção e eliminar a antecipação da distribuição.

A postergação logística é viável a partir da utilização de recursos de TIC, uma vez que estes possibilitam maior capacidade de processamento e transmissão de informações. Com isso, pode-se entregar pedidos com maior nível de precisão, de forma flexível e rápida, substituindo a antecipação de estoques em armazéns próximos aos pontos de consumo ou utilização, por processamento rápido de pedidos e entregas expressas a partir de instalações centralizadas.

Observe as diferenças básicas entre as duas: a postergação de produção não permite economias de escala. Já as postergações logísticas mantêm "todas as economias de escala de produção e, ao mesmo tempo, atendem às exigências de serviço ao cliente, utilizando capacitações de entrega direta" (Bowersox; Closs, 2001, p. 396). Na verdade, os dois tipos de postergação permitem diferentes formas de comprometer antecipadamente produtos ou mercados até o efetivo recebimento dos pedidos dos clientes. Veja que, embora de maneiras diferentes, as duas formas possibilitam reduzir a natureza antecipatória dos negócios.

Para Bowersox e Closs (2001, p. 397), por um lado, a postergação de produção foca-se na forma do produto ao movimentar partes e componentes (produtos inacabados) para frente no sistema logístico, de sorte que estes sejam finalizados (modificados) com base na especificação dos clientes antes da entrega efetiva. Por outro lado, a postergação logística enfatiza o tempo, estocando produtos acabados em um local centralizador e respondendo rapidamente a partir do recebimento do pedido. Ao centralizar os estoques, reduz-se a quantidade que seria necessária para oferecer disponibilidade a todas as áreas geográficas em que a empresa atua.

>>> Consolidação

A consolidação é uma estratégia logística que tem por objetivo reduzir custos de transportes a partir da movimentação de grandes volumes de cargas consolidados, obtendo economias de escala. Segundo Razzolini Filho (2007, p. 108), "num ambiente altamente competitivo, em que, às vezes, disparidades de centavos no preço de um produto podem fazer a diferença, é essencial que se busquem permanentemente reduções de custos para ganhar competitividade".

A ideia básica da consolidação é viabilizar o transporte de grandes volumes de cargas pelas maiores distâncias possíveis, pois isso reduz o frete em tonelada por quilômetro percorrido. Sobre a questão do transporte, Ballou (1993, p. 322) nos informa que ele exige cuidados com: "1) custos diretos* de transporte, que são compensados com custos indiretos** ou pouco visíveis de manutenção de estoque e 2) efeitos da seleção do modal nos diversos membros do canal".

Isso nos demonstra como o impacto do transporte sobre os sistemas logísticos é significativo e exige cuidados redobrados por parte da administração desses sistemas.

Acontece que as ações de resposta rápida, como a postergação, movimentam pequenos volumes de cargas "em padrões irregulares" (Bowersox; Closs, 2001, p. 397), enquanto as ações de antecipação viabilizam estratégias de consolidação***. Perceba que, visando garantir que os custos de transporte sejam mantidos em patamares aceitáveis (sem descuidar dos níveis de serviços), é necessária uma "atenção gerencial considerável ao desenvolvimento de meios

---

* Custo direto é aquele que incide diretamente sobre um produto/serviço, sendo de fácil identificação e apropriação ao custo final do produto/serviço.

** Custo indireto é aquele que incide indiretamente sobre um produto/serviço, sendo, na maioria das vezes, de difícil identificação e apropriação.

*** Ver Quadro 2.2 comparativo ao final do tópico.

engenhosos para se obter as vantagens da consolidação" (Bowersox; Closs, 2001, p. 397).

Ainda segundo Bowersox e Closs (2001, p. 397), para possibilitar as operações consolidadas, é necessário contar com informações confiáveis sobre posições de estoques atuais e planejados. Além disso, enfatizamos ser recomendável que a programação da produção seja reservada ou comprometida para futuras consolidações. No dia a dia, isso implica que, para evitar atrasos, é necessário planejar as consolidações antes de processar e selecionar pedidos.

Podemos considerar que, no momento da definição operacional do sistema logístico, existem três possibilidades de consolidação:

1) Por área geográfica – é o tipo mais usual e básico em que se combinam (agrupam ou consolidam) pequenos volumes de cargas destinados a diferentes clientes em áreas geográficas específicas. Trata-se, na verdade, de consolidar os pedidos de uma mesma área geográfica (de mercado) para permitir o transporte de volumes que contenham alguma economia de escala. Mas há um problema nessa estratégia: garantir volumes periódicos suficientes, tanto no suprimento quanto na distribuição. Para compensarmos a falta de volume de cargas, é possível utilizarmos três alternativas distintas: a) um ponto distante de *cross docking** para onde sejam transportados grandes volumes e, então, feitos a separação e o transporte das cargas

* *Cross docking*, ou cruzamento entre docas, é um sistema de distribuição em que os produtos recebidos em um depósito ou centro de distribuição (CD) não são armazenados, mas, sim, preparados para serem enviados aos pontos de venda de destino, com outro caminhão.

individuais ao seu destino final; b) atrasar carregamentos de cargas consolidadas para realizar entregas programadas em dias preestabelecidos em mercados específicos; c) consolidar pequenos volumes de cargas por meio da terceirização para operadores logísticos especializados.

2) Programação de entregas – alternativa derivada da primeira, *programação de entregas* significa que a empresa define períodos específicos para realizar as entregas em datas preestabelecidas. Veja que isso precisa ser comunicado previamente aos clientes, destacando-se os benefícios mútuos daí resultantes. A empresa embarcadora oferece garantias aos clientes de que os pedidos recebidos antes de prazos-limites especificados serão entregues na data programada. A limitação para essa alternativa entra em conflito com as exigências de prazos de entrega especificados contratualmente, em que as organizações enfrentam o desafio de satisfazer a tais padrões e, ao mesmo tempo, conseguir as vantagens da consolidação.

3) Associação de entregas – também é resultado da estratégia adotada na primeira alternativa, vista anteriormente. A associação de entregas implica utilizar operadores logísticos de armazenagem e transporte que realizam a consolidação de cargas para vários embarcadores que atuam na mesma área geográfica. É uma das alternativas mais usuais, sobretudo para as empresas de menor porte, que oferecem menores volumes de cargas.

Destacamos que os operadores que oferecem esse tipo de serviço, normalmente, apresentam horários preestabelecidos tanto para a coleta quanto para a entrega. Geralmente, oferecem serviços de valor agregado, como classificação, sequenciamento ou segregação de cargas no suprimento, visando atender às necessidades específicas de cada cliente.

Por fim, para demonstrarmos as diferenças entre os sistemas logísticos com base em ações antecipatórias e os sistemas logísticos de resposta rápida, apresentamos um quadro que sintetiza os impactos das duas práticas sobre a produção, sobre o atacadista, ou centro de distribuição, e sobre os pontos de vendas (varejistas). Observe:

» Quadro 2.2 – **Diferenças entre sistemas logísticos de antecipação e de resposta rápida**

	Ação antecipada	Resposta rápida
Na produção	Projeção financeira (a partir de previsões de vendas).	Projeção depende de informações dos clientes.
	MRP/DRP[1]: planejamentos baseados na produção.	MRP/DRP: planejamentos baseados nos pedidos dos clientes.
	Formação antecipada de estoques.	Formação de estoques segundo as necessidades dos clientes.
	Capacidade de fornecimento com base nos estoques existentes.	Possibilidade de fornecimentos alternativos e de embalagem especial.

(continua)

(Quadro 2.2 – conclusão)

No atacadista ou no centro de distribuição do sistema logístico	Estratégia de estoque de ponto de ressuprimento (ponto de pedido fixo): » Previsão. » Estoque de segurança.	Estratégia de estoque baseada nas necessidades: » Necessidades compartilhadas. » Ressuprimento contínuo.
	Especulação com estoque: » Estoque. » Rotação (giro). » Promoções.	Postergação de estoque: » Fluxo. » Rotação (giro). » Promoções.
	Ciclos de seleção baseados em esquema de ressuprimento fixo (ponto de pedido).	Ciclos de seleção baseados nas necessidades.
No varejista (ponto de venda)	Filosofia de centro de benefícios.	Filosofia de centro de serviços.
	Modelo de estoque: » Ponto de ressuprimento. » Estoque de segurança. » Ressuprimento por lote.	Modelo de estoque: » Atividades nos pontos de vendas. » Estoque de segurança.
	Ressuprimentos programados.	Possibilidade de alternativas de embalagem Ressuprimentos segundo a demanda.
	Avaliação financeira: » Vendas por categoria. » Giro médio de estoques. » Lucratividade média.	Avaliação de desempenho: » Cobertura por categoria. » Giro segundo cada perfil. » Lucratividade por produto.

Fonte: Adaptado de Bowersox; Closs, 2001, p. 398.
Nota (1): MRP – Planejamento das necessidades materiais. DRP – Planejamento dos recursos de distribuição.

Podemos perceber, a partir do quadro, que ambos os sistemas contêm pontos de vantagens ou desvantagens um em relação ao outro. Porém, o mais importante é que você perceba que ambos visam oferecer um nível de serviço superior a clientes selecionados.

>>> Planejamento colaborativo (CPFR)

Você conhece o significado da sigla CPFR? Veja: *Collaborative Planning Forecasting and Replenishment* significa "planejamento colaborativo para a previsão da reposição de estoques". Trata-se de uma ação em que ocorre o planejamento conjunto entre parceiros dentro de uma cadeia logística, em que todos os parceiros trabalham com previsões comuns, além de condições preestabelecidas e acordadas para comunicação conjunta e reposição de estoques. Na verdade, refere-se a uma metodologia de trabalho e controle de processos comum a todos os parceiros da cadeia de suprimentos.

Como um conjunto de normas e procedimentos, o CPFR tem o amparo do *Voluntary Interindustry Commerce Standarts* (Vics). O que é isso? É um comitê criado em 1986 com participantes de diferentes empresas, principalmente varejistas, que tem por objetivo principal aumentar a eficiência das cadeias de suprimento, a partir da definição de padrões para facilitar os fluxos físicos e de informações ao longo da cadeia de suprimentos.

O CPFR visa à "redução nos níveis de estoque combinada com uma melhoria nos níveis de serviço" (Arozo, 2011). Porém, é importante frisarmos que existem aqueles que acreditam que esse planejamento não pode ser compreendido como um programa de resposta rápida, uma vez que este possibilita que fabricantes e sua cadeia de distribuição sejam capazes de reagir rapidamente às demandas dos clientes, para conseguir, simultaneamente, redução dos estoques existentes ao longo da cadeia de suprimentos e aumento de disponibilidade para o cliente final. Desse modo,

> *o CPFR se baseia na elaboração conjunta de previsões de venda e num planejamento de ressuprimento, levando em consideração as limitações existentes na cadeia de suprimentos, sejam elas do fornecedor industrial ou do cliente varejista/distribuidor. Desta forma, o CPFR difere dos programas de resposta rápida pelo fato de estar focado nos processos de previsão de vendas e planejamento de ressupri-*

> *mento/produção, o que faz com que o mesmo adquira uma postura proativa em relação à demanda final, em contraste à lógica reativa dos programas de resposta rápida.* (Arozo, 2011)

Embora os defensores dessa posição acreditem ser o CPFR uma postura antecipatória, a verdade é que ele permite melhorar o gerenciamento dos fluxos físicos e de informação e, consequentemente, possibilita respostas mais rápidas por parte dos integrantes da cadeia de suprimentos.

Um CPFR pode ser desenvolvido, segundo o comitê Vics (2011) em nove etapas distintas, observe-as:

1) Celebração de um acordo entre as empresas parceiras, em que se definem as normas e as regras para a relação de colaboração, bem como os recursos necessários e as aspirações de cada uma das partes.
2) Definição um plano de negócios em conjunto no qual se determinam as categorias de produtos que farão parte do processo, os objetivos, as estratégias, as táticas de ação e os parâmetros gerenciais para as categorias de produtos.
3) Desenvolvimento de previsões de vendas de cada empresa, com base na possibilidade de trocas de informações entre fabricantes e varejistas.

4) Identificação de exceções por meio da comparação das previsões do fabricante e do varejista, por meio de sistemas *on-line*, de forma que, com base nas previsões de cada empresa, as diferenças relevantes sejam trabalhadas em conjunto.
5) Busca de consenso nas diferenças de planejamento, de forma que as causas sejam detectadas e trabalhadas em conjunto para evitar distorções que gerarão estoques em algum ponto da cadeia de suprimentos.
6) Elaboração, com base nas previsões de vendas conjuntas, da previsão das ordens de ressuprimento, levando em consideração também outros fatores previamente estabelecidos, como frequência de pedidos, políticas de estoques e tempo de ressuprimento.
7) Busca de exceções para a previsão das ordens de ressuprimento, sobretudo no que diz respeito à capacidade de atendimento. Porém, apenas serão consideradas exceções aquelas restrições que gerem impactos operacionais relevantes.
8) Análise e negociação das exceções em conjunto, de tal forma que o fornecedor tenha a necessária capacidade de atendimento da previsão de ordens. Isso pode levar o varejista a adiar alguma promoção até o momento que seu fornecedor possa atender às ordens de ressuprimento. Se isso ocorrer, uma nova previsão deve ser elaborada, reiniciando-se o processo.

9) Transformação de ordens previstas em pedidos firmes. Durante certo período de tempo, o cliente pode reavaliar suas previsões e, em função de conjunturas de mercado, alterar tais pedidos, sendo que, a partir de certo período de tempo, passam a ser considerados pelo fornecedor como um pedido firme, não podendo mais ser alterado.

Como podemos perceber pelo processo descrito, o CPFR visa substituir os estoques por informações e, consequentemente, pode ser considerado parte de operações logísticas de resposta rápida.

>>> Reposição contínua (CR)

Reposição contínua (*Continuous Replenishment* – CR) é uma forma de gerenciamento de estoques pelo vendedor, com base no CPFR, sobretudo para o varejo supermercadista, que é uma ferramenta com a finalidade de repor os produtos no ponto de venda de forma rápida e conforme a demanda. Essa prática logística tem como objetivo minimizar estoques e faltas.

Trata-se de uma prática de parceria entre membros do canal de distribuição que altera o processo tradicional de reposição de mercadorias, de geração de pedidos elaborados pelo distribuidor, baseada em quantidades economicamente convenientes, para a reposição de produtos com base em previsão de demanda efetiva. Em alguns casos, pode ser chamada também de *reposição automática* (*Automatic Replenishment* – AR).

Ressaltamos que a reposição contínua é uma alternativa de ressuprimento em que os estoques são realimentados quando os controles de estoque indicam um ponto de emissão de ordem predeterminado, sempre definido em conjunto entre fornecedor e cliente, conforme a estratégia de CPFR.

⟫ Estoques gerenciados pelo vendedor (VMI)

O inventário gerenciado pelo fornecedor (*Vendor Managed Inventory* – VMI) é um sistema que permite o gerenciamento dos estoques do cliente diretamente pela indústria fornecedora. Dessa forma, são determinados automaticamente as quantidades e os artigos a serem repostos.

É uma ação logística semelhante à adotada no ECR (que veremos a seguir), com a diferença de que não está voltada apenas ao varejo.

Trata-se de um sistema de parceria em que o fornecedor repõe os estoques a partir de informações do próprio cliente sobre seus níveis de estoques. Essas informações ocorrem por via eletrônica (EDI, internet etc.) e, com base nelas, preferencialmente automatizadas, possibilitam-se reduções de custos tanto para o cliente quanto para o fornecedor, em razão da redução dos níveis de estoques e de faltas.

Além disso, destacamos que essa ação possibilita aumento do nível de serviço (pela redução de faltas), melhorias no planejamento da produção do fornecedor, minimização de erros na entrada de dados (uma vez que a comunicação acontece de forma automatizada) e formação de parceria real e genuína entre o cliente e o seu fornecedor. Tal estratégia pressupõe acordo prévio que define os preços a serem praticados, os limites superior e inferior dos estoques do cliente os demais procedimentos para faturamento e entrega dos lidos.

ra saber mais

R MANAGED INVENTORY.COM. **Articles**. Disponível em: ww.vendormanagedinventory.com/articles.php>. Acesso 2011.

você encontra vários artigos, em língua inglesa, ica de resposta rápida, principalmente sobre o os pertencem a várias empresas da área, o que você conhecer empresas que adotam o gerentoques pelo fornecedor, de forma a assegurar rápida e com menor índice de falhas. Com na pesquisar.

e ao consumidor (ECR)

ao consumidor (*Efficient Consumer* a ferramenta de tecnologia de ino gerenciamento automatizado de estoques com o objetivo de repor automaticamente os produtos no ponto de venda, utilizando-se de código de barras, RFID, *scanner*, EDI etc.

Trata-se de um modelo estratégico de negócios com o qual fornecedores e varejistas trabalham de forma integrada, objetivando melhorar a eficiência na cadeia de abastecimento, de forma a entregar maior valor agregado ao cliente/usuário final. É um modelo em que se procura relacionar, com as programações de produção, vendas finais no varejo e, com a cadeia de abastecimento, a expedição.

Segundo Arozo (2011), o ECR é um programa mais amplo que, "além de resposta rápida, também é voltado para o gerenciamento de categorias, o aumento da eficiência das promoções e o lançamento de novos produtos".

Essas estratégias ou ações logísticas procuram reduzir tempo de ressuprimento, criando resposta rápida às ações demanda do cliente final. Com isso, podemos evitar ant pações baseadas nas previsões de vendas (geralmente veis, justamente por serem previsões, não é mesmo?).

❯❯ Barreiras à implantação de sistemas de resposta rápida

Segundo Bowersox e Closs (2001, p. 399), exister mas barreiras a serem consideradas para a impleme de sistemas de resposta rápida, que abordaremos a s

Uma primeira barreira decorre da necessidade de as empresas, sobretudo as de capital aberto, apresentarem resultados lucrativos a serem comunicados a analistas e investidores em curtos períodos de tempo. Isso conduz a estratégias com base em políticas agressivas de vendas, sendo que, com isso, saturam os canais de distribuição. Essa saturação leva a movimentos cíclicos de "compra, não compra, compra, compra, não compra". Esse processo gera descontentamentos em ambas as pontas do canal e nem sempre maximizam os resultados dos envolvidos no processo.

Uma segunda barreira decorre do fato de que o gerenciamento de relações antagônicas e baseadas no poder é mais fácil do que o gerenciamento de relações colaborativas. Ocorre que os relacionamentos colaborativos demandam mais tempo e energia por parte de todos os envolvidos no processo, além de que a maioria dos executivos não está preparada (treinada) nem tem experiência para organizar relações colaborativas. Ou seja, eles não estão preparados para compartilhar as vantagens e os riscos inerentes a esses processos. Embora os executivos da área de logística estejam convencidos das vantagens a longo prazo desses relacionamentos, geralmente ficam frustrados com a operacionalização das atividades necessárias às atividades dos sistemas logísticos.

Podemos concluir que a ferramenta de resposta rápida somente deve ser praticada se representar vantagens para os clientes, em termos de custos menores ou em maior nível de serviço. É de suma importância destacarmos a necessidade de o cliente ser sempre o foco das empresas quando estas planejam e estruturam seus sistemas logísticos. Se não ocorrer adição de valor para o cliente, qualquer desenho organizacional estará fadado ao fracasso, concorda?

» Síntese

Neste capítulo, vimos que a agilidade e a velocidade se apresentam como novos parâmetros à competitividade das organizações. Isso é decorrência de uma série de fatores, entre os quais se destacam: o fenômeno da globalização (gerando dispersão geográfica de fornecedores e clientes); as mudanças nos hábitos de consumo; os sistemas produtivos flexíveis e rápidos (JIT); o surgimento de prestadores de serviços logísticos especializados (os operadores logísticos); e a evolução rápida e constante das tecnologias da informação e da comunicação – TICs.

Para atender a esses novos parâmetros, as organizações buscam desenvolver sistemas logísticos ágeis, rápidos e flexíveis, denominados *sistemas de resposta rápida*. A resposta rápida, necessariamente, é suportada por recursos de TICs que permitem maior rapidez e transparência na troca de informações entre fornecedores e clientes. Recursos como integração em redes, intercâmbio eletrônico de dados, implantação de código de barras e identificação por radiofrequência, pontos de vendas eletrônicos e outras inovações tecnológicas têm sido fundamentais para sustentar a evolução dos sistemas rápidos e flexíveis.

Vimos ainda que a lógica de substituir estoques por informações precisas e em tempo real é atrativa às organizações porque possibilita importantes reduções de custos que maximizam os resultados obtidos. O grande impulsionador para essa mudança de mentalidade foi o desenvolvimento do chamado *Sistema (ou modelo) Toyota de Produção*, que exigiu das demais funções organizacionais que se adaptassem às profundas (e rápidas) transformações ocorridas nos sistemas de produção com a implantação da lógica operacional do JIT.

Você pôde ver também que a redução dos tempos de ciclo (*lead times*) ocorrida nos sistemas produtivos exigiu que as demais funções organizacionais também buscassem comprimir os seus tempos de ciclo, e a logística, com o suporte das TICs, revelou-se uma das funções organizacionais mais relevantes nesse processo. Assim, competir baseado no tempo passou a ser um imperativo aos sistemas logísticos, que apresentaram avanços significativos nos tempos de comercialização, de serviço e de reação.

Essa redução nos tempos de resposta é possível, sobretudo, pela redução do tempo de processamento de pedidos, à medida que se adotam procedimentos de postergação, de consolidação/desconsolidação, planejamento colaborativo para a previsão de reposição de estoque (CPFR), reabastecimento contínuo (CR), gerenciamento de estoques pelo fornecedor (VMI), maior eficiência na resposta ao consumidor (ECR), entre outras práticas sustentadas pelos recursos das TICs.

Por fim, concluímos que sistemas logísticos de resposta rápida, além de exigirem elevados investimentos em TICs, exigem mudança cultural nas organizações, uma vez que gerenciar relacionamentos colaborativos (premissa básica da resposta rápida) é mais difícil que gerenciar relacionamentos baseados no poder. Não esqueça, porém, que o potencial de agregar valor e, consequentemente, ampliar a competitividade organizacional, é suficientemente atrativo para que as organizações busquem implantar sistemas logísticos de resposta rápida.

»» Estudo de caso

Projeto de ECR na K & R Pharmaceutical

A K & R Pharmaceutical S/A é uma empresa brasileira com atuação em vários países das Américas do Sul e Central, além de alguns países do continente africano. Atualmente, os países onde a empresa conta com forte atuação, além de Brasil e Chile, são os seguintes: Uruguai, Paraguai, Argentina, Venezuela, Equador, Colômbia, Costa Rica, México, África do Sul, Moçambique e Angola.

A empresa adota sistema misto de distribuição, vendendo para distribuidores de produtos farmacêuticos e, nos principais centros urbanos, diretamente para aquelas farmácias com maior potencial de compra.

A K & R Pharmaceutical realiza VMI com 70% (setenta por cento) dos distribuidores de produtos farmacêuticos instalados no Brasil e está trabalhando para atingir 100% deles. Ocorre que os estudos demonstram que a prática do VMI gera incremento nas vendas da ordem de 35% (trinta e cinco por cento), justificando o investimento realizado.

Atualmente, existe um estudo para a implantação de um sistema de ECR com aquelas farmácias para as quais realiza vendas diretas, localizadas nos principais centros urbanos (entendidos como aquelas cidades com população superior a 800 mil habitantes).

O estudo indicou a existência de, aproximadamente, 15 mil pontos de vendas espalhados por 10 cidades, dispersas em cinco estados do país, onde a empresa atua.

É preciso considerar o custo de cada computador, com impressora, conforme apresentado abaixo, além do *software* para ser implantado, que custará US$ 1.550.000,00, se desenvolvido na Índia, ou US$ 1.100.000,00, se desenvolvido no Brasil. Os possíveis fornecedores de computadores são coreanos e irlandeses, enquanto os sistemas serão desenvolvidos na Índia ou no Brasil. Os custos de aquisição e os tempos de entregas são, respectivamente, os seguintes:

- » Fornecedor coreano – custo para o computador, com impressora: US$ 585,00. Tempo para entrega 75 dias (desembaraçado no porto de Santos-SP).
- » Fornecedor irlandês – custo para o computador, com impressora: US$ 594,00. Tempo para entrega 50 dias (desembaraçado no porto de Santos-SP).
- » Desenvolvimento dos sistemas, na Índia, previsto para 180 dias.
- » Desenvolvimento dos sistemas, no Brasil, previsto para 270 dias.

Em termos de funcionamento, tanto os sistemas indianos quanto os brasileiros são operacionalmente viáveis e similares nas suas funcionalidades. A K & R Pharmaceutical S/A apresenta um faturamento, oriundo desses 15 mil pontos de vendas, em torno de R$ 2.250.000,00 mensais. Com a implantação do sistema ECR, estima-se um incremento nas vendas da seguinte forma:

- » no primeiro ano de funcionamento, aumento de 10%;
- » no segundo ano de funcionamento, aumento de 15%;
- » no terceiro ano de funcionamento, aumento de 20%, estabilizando-se nesse patamar.

Imagine que você foi nomeado para defender o projeto de implantação com a diretoria da empresa. Para tanto, quais seriam os fatores que você consideraria na sua análise e, além disso, quais argumentos usaria para convencer a diretoria para implantar o ECR?

» Questões para revisão

1) Afirma-se que a postergação logística é viável em função da utilização de recursos de tecnologia da informação e da comunicação (TIC). Por que isso ocorre?

2) O que é reposição contínua ou automática?

3) Para que a resposta rápida aconteça nas organizações, é necessário implantar:
   a. sistemas logísticos flexíveis.
   b. sistemas logísticos "empurrados".
   c. tempos de ciclo mais longos.
   d. sistemas de mensuração de desempenho.
   e. ferramentas de gestão da qualidade.

4) São exemplos de ferramentas para sistemas logísticos de resposta rápida:
   a. Postergação, sistemas empurrados e CPFR.
   b. Postergação, movimentação e CPFR.
   c. Postergação, consolidação e CPFR.
   d. Movimentação, CPFR e ECR.
   e. Movimentação, CPFR e ECR.

5) A ferramenta de tecnologia da informação que possibilita o gerenciamento automatizado de estoques para reposição automática é o:
   a. CPFR.
   b. *postponement*.
   c. RFID.
   d. ECR.
   e. JIT.

» Questões para reflexão

1) De que forma as práticas de antecipação podem contribuir para as estratégias logísticas?
2) As práticas logísticas de postergação podem afetar o nível de serviço de forma negativa? Por quê?

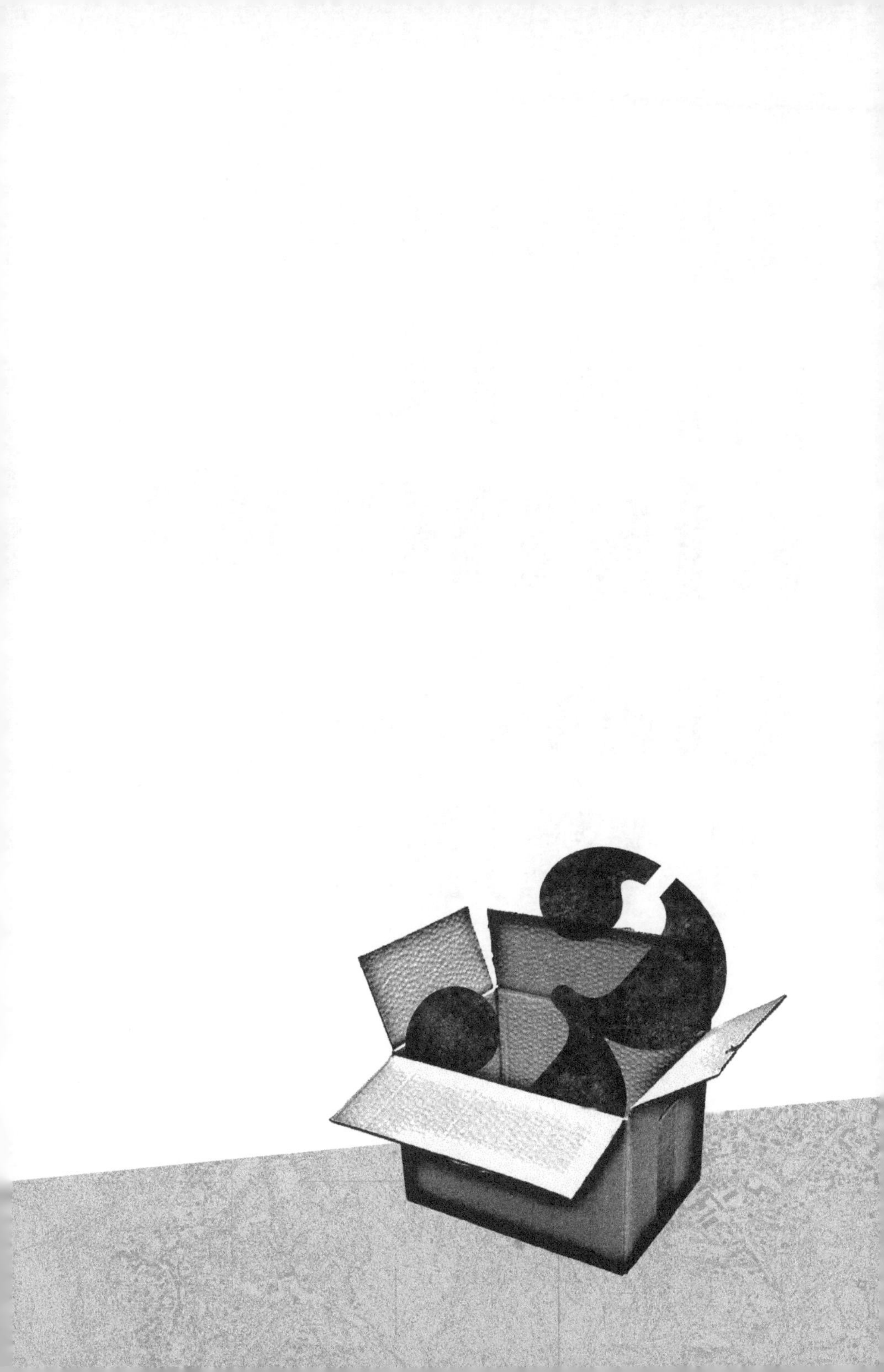

OPERADORES LOGÍSTICOS: CONCEITO E FUNÇÕES

》》 Conteúdos do capítulo:

» O que é um canal de distribuição;
» Conceito de operador logístico;
» O papel dos operadores logísticos nos canais de distribuição;
» Importância dos canais de distribuição para os sistemas logísticos;
» Diferentes tipos de operadores logísticos.

》》 Após o estudo deste capítulo, você será capaz de:

» caracterizar um operador logístico;
» compreender o papel dos operadores logísticos nos canais de distribuição;
» entender como se agrega valor aos produtos nos canais de distribuição;
» compreender as funções desempenhadas pelos operadores logísticos nos canais de distribuição.

Uma das principais atribuições dos sistemas logísticos é assegurar que os produtos (materiais, matérias-primas, insumos, produtos acabados etc.) estejam disponíveis aos clientes quando e onde forem necessários. Com isso, a logística atinge dois dos seus principais objetivos em termos de criação de utilidades que agregam valor aos produtos: a criação da utilidade temporal (produto na hora certa) e da utilidade espacial (produto no lugar certo). Isso significa que é necessário pensar em formas de agregar valor aos produtos por meio da sua disponibilização aos clientes atendendo a essas duas necessidades.

Destacamos que os canais de distribuição (ou de *marketing*) podem ser compreendidos como uma espécie de duto por meio do qual se escoam os produtos acabados das indústrias para os clientes finais. Para Coughlan *et al.* (2002, p. 20), um canal de distribuição, ou de *marketing*, "é um conjunto de organizações interdependentes envolvidas no processo de disponibilizar um produto ou serviço para uso ou consumo". Portanto, atente para o fato de que os canais de distribuição são de fundamental importância, com as respectivas práticas adotadas nesses canais, uma vez que eles existem em todos os processos de compra e venda de produtos e serviços. Ou seja, isso significa que a forma como os serviços logísticos serão prestados ao longo dos canais de distribuição é que fará a necessária diferença em termos de competitividade para as empresas.

>>> Para saber mais

NUNES, M. N. **Quem vai distribuir?**: projeções e estratégias sobre o 3º P do *marketing* para empresas intermediárias no Brasil. Rio de Janeiro: Qualitymark, 2001.

Indicamos esse livro por se tratar de um interessante ponto de vista com uma visão logística da abordagem de *marketing* para a distribuição. A obra sugere um método para o planejamento e a ação efetiva nas empresas intermediárias (distribuidoras) que buscam alcançar excelência e rentabilidade em suas operações.

Ao longo do tempo, principalmente a partir da segunda metade do século XX, os métodos de distribuição se modificaram, ganhando maior agilidade e abrangência dentro dos sistemas logísticos. Segundo Wheeler e Hirsh (2000, p. 26), os canais de distribuição devem ser bem compreendidos pelas empresas que desejam maximizar seus resultados, uma vez que eles cumprem, essencialmente, três funções. Veja quais são elas:

» Manter um fluxo de informação entre provedores e clientes finais e vice-versa.
» Organizar os sistemas logísticos para garantir o fluxo de produtos desde o fornecedor até o cliente final.
» Proporcionar agregação de valor aos produtos do fornecedor.

Essa compreensão dos canais de distribuição tem sido responsável pelas mudanças constantes que acontecem na área e, nesse processo de mudanças nas práticas de distribuição, muitas empresas iniciaram uma nova etapa nos canais de distribuição: passaram a atuar como operadores logísticos. Saiba que, na verdade, muitas empresas ainda não compreendem exatamente qual o conceito de operador logístico e de que forma atuar para ser, realmente, um provedor de serviços logísticos terceirizados.

A partir da segunda metade dos anos 1990, com as práticas de comércio eletrônico – depois do *boom* de surgimento de empresas adeptas de B2C e/ou B2B –, muitas organizações simplesmente fecharam suas portas e outras procuraram ajustar suas operações dentro de perspectivas mais realistas. Porém, destacamos que foi nesse processo que a logística se fortaleceu, pois foi justamente ela um dos grandes gargalos desse mercado e também onde as empresas que souberam se diferenciar na prática dos serviços logísticos apresentaram ganhos de competitividade significativos.

Salientamos que, à medida que os processos nos canais de distribuição evoluem, aumenta-se o nível de exigência dos clientes (principalmente por meio de compras mais frequentes, em quantidades menores, *mix* mais elevado). Aumentam-se também as exigências ambientais (que implicam logística reversa) e os sistemas logísticos passam a ser mais exigidos na sua eficiência para suportar a necessária competitividade empresarial.

Esses fatores, somados, conduzem ao surgimento de novas "organizações independentes", que atuam nos canais de distribuição fazendo com que ocorram novas possibilidades para que os sistemas logísticos ofereçam maior competitividade, entre elas os operadores logísticos, sobre o quais estamos discorrendo neste capítulo.

Veja que, assim, os operadores logísticos se inserem como importantes "atores" nas estruturas de distribuição organizadas pelas empresas (os canais de distribuição), a fim de fazer com que os produtos destas estejam disponíveis aos clientes com serviços agregados para proporcionar maior valor e, como resultado, maior competitividade.

Portanto, para entendermos o que é e o que faz um operador logístico, é necessário compreender quais são as atividades logísticas que ele deve executar para proporcionar a desejada competitividade às organizações, conforme veremos a seguir.

>> Atividades logísticas

Para facilitar a compreensão do que é um operador logístico, é necessário que você compreenda claramente quais são as atividades desenvolvidas nos sistemas logísticos e, principalmente, como essas atividades podem ser entendidas de forma didática, uma vez que é difícil separá-las no dia a dia das operações logísticas.

Segundo Ballou (1993, p. 24), existem atividades que "contribuem com a maior parcela do custo total da logística ou elas são essenciais para a coordenação e o cumprimento da tarefa logística", essas atividades são denominadas *atividades primárias*. A seguir você verá um pouco mais sobre elas.

>>> Primárias (ou críticas)

As atividades-chave são três: transportes, manutenção e processamento de pedidos.

- Transportes* – o transporte é a atividade essencial para a logística, seja porque exerce maior impacto sobre os custos (para alguns autores esse impacto pode chegar a dois terços dos custos logísticos totais), seja porque não se pode fazer qualquer empresa funcionar sem o deslocamento de matérias-primas e/ou produtos acabados.
- Manutenção de estoques – é a atividade que adiciona valor temporal aos produtos, fazendo com que estejam disponíveis no momento em que são necessários ou desejados pelos clientes. A ideia da manutenção de estoques é "manter alguma coisa para utilização em um determinado momento futuro", ou seja, o papel da manutenção de estoques é o de manter os produtos em determinados espaços físicos (armazéns ou depósitos) até o momento em que sejam demandados (necessários) pelos clientes ou pelos processos produtivos.

* Para saber mais sobre transportes, recomenda-se a leitura do livro *Transporte e modais com suporte de TI e SI*, da Editora InterSaberes, deste autor.

» Processamento de pedidos – o processamento de pedidos é a atividade logística crítica, uma vez que coloca em ação todo o sistema logístico. Nada é realizado em um sistema logístico sem a existência de um pedido (seja uma ordem de compra, seja uma requisição de materiais ao estoque). Implica sistemas (procedimentos, métodos, técnicas e tecnologias) para organizar o processo de receber um pedido, processá-lo e atendê-lo.

Além das atividades primárias, que são críticas para os sistemas logísticos, existem outras atividades que dão suporte, ou seja, apoiam o funcionamento dos sistemas logísticos. Essas atividades são denominadas por Ballou (1993) de *atividades de apoio*. Neste livro, preferimos denominá-las *atividades operacionais ou de suporte*.

››› Operacionais (ou de suporte)

As atividades operacionais são aquelas que oferecem suporte às atividades primárias. São elas: armazenagem, manuseio de materiais, embalagem de proteção, aquisição, programação de produtos e manutenção de informações.

Essas atividades são essenciais para assegurar que os sistemas logísticos atinjam o necessário nível de serviço esperado pelos clientes e, com isso, que a organização possa atingir seus objetivos de lucratividade e competitividade. A inter-relação entre as atividades primárias e as atividades operacionais pode ser percebida na Figura 3.1, mais à frente.

Na figura, você pode perceber que as atividades operacionais se agrupam duas a duas para suportar cada uma das atividades primárias. Ou seja, para suportar as atividades de transportes, existem as atividades operacionais de manuseio de materiais e embalagem de proteção. Para o suporte da atividade de processamento de pedidos existem as atividades de armazenagem e de aquisição e, por fim, para suportar a atividade de manutenção de estoques, conta-se com as atividades operacionais de programação do produto e manutenção de informações.

» Figura 3.1 – **Relações entre atividades primárias e atividades operacionais e o nível de serviço**

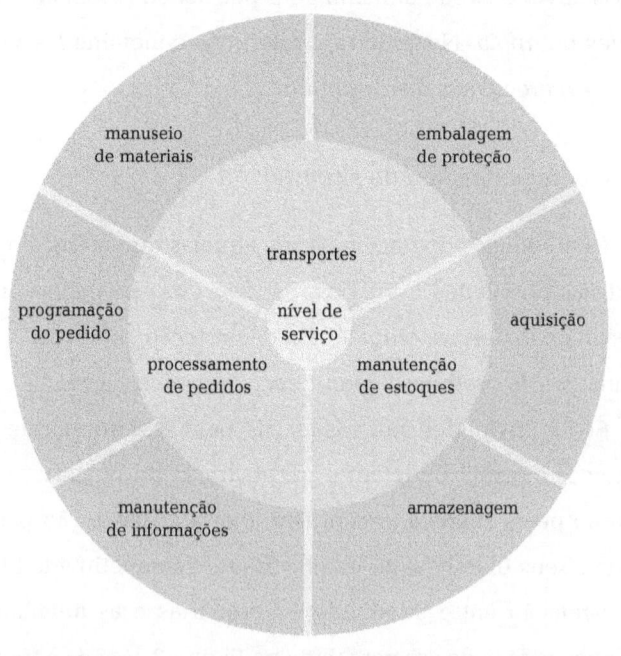

Fonte: Ballou, 1993, p. 26.

A seguir, apresentamos cada uma das atividades operacionais isoladamente.

» Armazenagem – trata-se do gerenciamento dos espaços físicos necessários à manutenção dos estoques. Implica a definição dos sítios geográficos onde se localizarão tais espaços, definição de tamanho, *layout*, definição de sistemas para gerenciamento (*software*), espaços para interface com o sistema de transporte (docas ou berços de atracação) etc.

» Aquisição – trata-se de tornar os produtos disponíveis ao sistema logístico. Isso implica selecionar fontes de fornecimento, definir quantidades a serem adquiridas, programar compras e definir as formas de comprar.

» Manuseio de materiais – relaciona-se com movimentação dos produtos dentro dos locais de estocagem, nos processos de separação e montagem de pedidos para atender aos clientes internos e/ou externos. Segundo Ballou (1993, p. 27), é importante considerar a seleção dos equipamentos de movimentação, os procedimentos para montagem de pedidos e, ainda, o balanceamento da carga de trabalho.

» Embalagem de proteção – diz respeito à necessidade, (considerando-se os custos operacionais) de que os produtos sejam manuseados, movimentados e transportados sem sofrer danos. Assim, um projeto de embalagem que se preocupe em manter a integridade física dos produtos pode assegurar a utilidade de uso dos produtos, além de auxiliar no manuseio e na armazenagem com maior eficiência.

» Programação do produto – refere-se à atividade intimamente relacionada à distribuição dos produtos, ou seja, com o fluxo de saída de produtos do sistema de armazenagem. Ainda segundo Ballou (1993, p. 27), "refere-se primariamente às quantidades agregadas que devem ser fabricadas. Não diz respeito à programação detalhada de produção, executada diariamente pelos programadores de produção".

» Manutenção de informação – tratam-se informações com bom nível de qualidade são essenciais para o correto funcionamento dos sistemas logísticos. Não se consegue eficiência sem controle de custo e desempenho, por exemplo, uma vez que tais informações vão ser fundamentais para se controlar o nível de serviço oferecido aos clientes. Assim, contar com informações adequadas para planejar e controlar o sistema logístico é fundamental.

Uma vez que você conheça as atividades logísticas, é possível entender o que é um operador logístico, já que a razão de sua existência é a execução de tais atividades, no todo ou em parte, como veremos na continuação.

❯❯ Conceito de operador logístico

Visto que se conhecem as atividades logísticas (primárias e operacionais), é mais fácil entendermos o que é e o que faz um operador logístico, uma vez que, segundo Razzolini Filho (2010), um operador logístico é um provedor de serviços logísticos terceirizados. Trata-se de empresas que, embora terceirizadas, atuam independentemente de seus clientes, oferecendo ampla gama de serviços logísticos realizados internamente. São prestadores de serviços físicos (armazenagem, manuseio de materiais, embalagem, transporte) associados a serviços gerenciais (processamento de pedidos, gerenciamento de estoques etc.).

Segundo a Associação Brasileira de Movimentação e Logística (ABML, 1999), "operador logístico é a empresa prestadora de serviços, especializada em gerenciar e executar todas ou parte das atividades logísticas, nas várias fases da cadeia de abastecimento de seus clientes, agregando valor aos produtos dos mesmos".

Em outras palavras, um operador logístico é uma empresa especializada em assumir a operação parcial ou total de determinados processos dentro da cadeia logística. Os exemplos mais comuns são: a) na área de transporte (tanto interno quanto externo); b) na atividade de armazenagem (de matéria-prima e/ou insumos, de produtos em processo e/ou de produtos acabados); c) os *"solution providers"* *, que

---

* Literalmente, *provedores de solução*. São prestadores de serviços logísticos que se especializam em apresentar soluções completas, em serviços, a dificuldades/problemas logísticos de seus clientes.

se encarregam de gerenciar todo o processo de negociação com fornecedores, consolidação e movimentação de cargas; desembaraços aduaneiros etc.

Podemos entender, dessa forma, que um operador logístico é uma empresa contratada para executar as atividades logísticas (primárias e operacionais) de forma a agregar valor aos produtos/serviços de uma organização e, com isso, oferecer-lhe maior competitividade.

>>> Para saber mais

ALBUQUERQUE, R. C.; VASCONCELOS, R. **Operadores logísticos**: uma tendência nos sistemas de distribuição das empresas brasileiras?. Disponível em: <http://www.biblioteca.sebrae.com.br/bds/BDS.nsf/024829146ACE12B103256E770064C56A/$File/NT0004727A.pdf>. Acesso em: 19 jan. 2011.

Indicamos esse artigo para leitura porque nele você vai encontrar um questionamento sobre o fato de ser ou não uma tendência o uso de operadores logísticos nos canais de distribuição das empresas brasileiras.

>>> Funções dos operadores logísticos

Apesar de existir, ainda, confusão em relação ao conceito de operador logístico e muitas empresas não terem claro o que faz um operador logístico, algumas funções são essenciais e claramente definidas, conforme apresentamos no quadro a seguir:

» Quadro 3.1 – Funções dos operadores logísticos

Função	Descrição
Armazenagem	Um operador logístico preocupa-se em armazenar adequadamente os bens (produtos) de seus clientes (produtores/fabricantes) para garantir a integridade desses bens até o momento da transferência de posse.
Manuseio	A função de armazenagem pressupõe, obrigatoriamente, o manuseio dos bens armazenados, utilizando-se das técnicas de movimentação e realizando atividades de consolidação/desconsolidação etc.
Processamento de pedidos	É, talvez, a função mais importante para um operador logístico, uma vez que exige capacidade de gerenciamento de informações. Compreende atividades como conferir condições comerciais das ordens (pedidos), checar crédito dos clientes, emitir faturas e notas fiscais, acompanhar o andamento da ordem, realizar o *picking* etc.
Transporte	Tem sido a função que a maioria dos operadores de transporte assume, dizendo-se *operadores logísticos*. Trata-se da atividade de disponibilizar os bens aos clientes, realizando a transferência [1] de posse. Porém, inclui atividades como rastreamento e acompanhamento das cargas e garantia de que o cliente recebe o pedido completo e nas condições por ele desejadas (definidas por um acordo de nível de serviço – do inglês SLA[2]).

Notas: (1) A transferência de propriedade somente ocorre quando o cliente (comprador) efetua o pagamento do bem/serviço adquirido.(2) SLA – *Service Level Agreement* (acordo de nível de serviço).

Ao desempenharem adequadamente suas funções, os operadores logísticos agregam valor aos produtos através das utilidades espaciais (transporte), temporais (armazenagem), e de uso (embalagem de proteção). Portanto, executando as atividades primárias e operacionais da logística, com um elevado nível de serviço, os operadores logísticos cumprem suas funções e, com isso, proporcionam maior competitividade aos seus clientes.

A própria ABML (1999) segue a classificação sugerida por Ballou (1993) para as atividades dos operadores logísticos, dividindo-as em: (i) atividades básicas: controle de estoque, armazenagem e gestão de transportes; (ii) demais atividades logísticas, distribuindo-as em seis categorias, assim especificadas:

1) Atividades especificadas da administração de materiais.
2) Atividades da administração de materiais com a manufatura.
3) Atividades da distribuição física com a manufatura.
4) Atividades próprias da distribuição física.
5) Atividades da distribuição física com o cliente do fornecedor.
6) Atividades da distribuição física com o consumidor.

Como você pode perceber, as chamadas *atividades básicas* são as atividades primárias, enquanto as "demais atividades logísticas" são as atividades operacionais. Vejamos, a seguir, como a ABML (1999) caracteriza tais atividades.

»» Atividades básicas

Equivalentes às atividades primárias preconizadas por Ballou (1993), são assim discriminadas:

» Controle de estoque – trata-se de realizar um eficiente controle a partir de uma política clara de gerenciamento do estoque (definida pelo cliente ao qual presta o serviço); realizar controle e responsabilizar-se pelas quantidades sob sua guarda, pela localização e pelos valores do estoque; fazer uso de técnicas e métodos modernos (sobretudo com recursos de tecnologia da informação) para acompanhar o comportamento dos estoques ao longo do tempo, fornecendo informações úteis e oportunas aos clientes; assegurar rastreabilidade dos produtos sob sua responsabilidade; fornecer relatórios periódicos sobre os estoques.

» Armazenagem – o operador logístico deve: contar com instalações adequadas para desenvolver a atividade de armazenagem (sejam próprias ou locadas), que atendam às exigências legais (bombeiros, vigilância sanitária, alvará de funcionamento etc.), estejam em condições de atender às demandas dos clientes, possuam espaços (docas) para recebimento/expedição de produtos, equipamentos de movimentação e estruturas para armazenagem (estantes, porta-paletes, cantilever etc.), bem como realizem o controle de temperatura do armazém (climatização) etc.; contar com um sistema de gerenciamento de armazém (WMS*) adequado às necessidades dos clientes, que inclua processos de impressão e leitura de códigos de barra e/ou de *chip* (*smart label*) emissor de sinal de rádio (para controle do estoque com sistema de RFID); controlar e se responsabilizar por eventuais avarias; controlar qualidade dos produtos, sempre que necessário; possuir apólices de seguro para as instalações e os produtos sob sua responsabilidade; emitir documentação de expedição (despacho) atendendo à legislação; e, sempre que necessário, realizar atividades de unitização (paletização e conteinerização).

» Transportes – o operador logístico pode possuir frota própria ou contratar e gerenciar prestadores de serviços de transporte, fazendo a qualificação e a homologação dos transportadores, negociando o nível de serviço desejado de tais prestadores de serviços de transporte e realizando periodicamente cotação de preços de fretes nas praças desejadas/atendidas por seus clientes; coordenar eficazmente a chamada de transportadores; conferir faturas e realizar o pagamento de fretes; mensurar e controlar o desempenho dos transportadores, conforme o nível de serviço acordado; e emitir relatórios de acompanhamento do nível de serviço.

---

* *Warehouse Management System* – sistema de administração de armazém.

>>> Demais atividades logísticas

Equivalentes às atividades operacionais preconizadas por Ballou (1993), estas atividades são repetitivas em diferentes áreas organizacionais (daí porque não vamos repetir sua descrição após a primeira vez em que for caracterizada). Veja como elas são discriminadas:

» **Atividades especificadas da administração de materiais** – são atividades desenvolvidas na parte inicial da cadeia de suprimentos (*supply chain*) e podem ser distribuídas da seguinte forma:

Acompanhamento dos pedidos a fornecedores – quando o cliente não quer ou não pode executar as atividades de coordenar e executar os pedidos aos fornecedores, pode delegar essa incumbência ao operador logístico, o que implica desenvolvimento de várias outras atividades.

Rastreamento de pedidos – é a atividade de acompanhamento (*follow up*) dos pedidos a fornecedores, incluindo o *status* atual do pedido e os prazos (datas) previstos para a entrega.

Rastreamento de veículos – atividade de monitoramento da posição dos veículos que transportam os produtos, em tempo real (ou quase real) por meio de sistemas de rastreamento via satélite ou rádio, visando gerenciar o processo logístico de forma mais eficiente, aumentar a segurança, monitorar o desempenho dos veículos, entre outros.

Recebimento – trata-se de operacionalizar a recepção física dos produtos solicitados pelos clientes.

Conferência física – é a conferência/verificação da situação física dos materiais e produtos recebidos, em termos de sua integridade e da integridade das embalagens, além da conformidade em termos de qualidade e validade.

Conferência quantitativa – trata-se de verificar se a quantidade entregue está conforme à quantidade pedida.

Conferência documental – trata-se de verificar se os documentos que acompanham os produtos estão de acordo com o que foi solicitado e/ou atendem às exigências legais, a saber: notas fiscais, manuais, certificados, seguros, entre outros.

Transporte primário – é a execução ou contratação e gerenciamento/acompanhamento do transporte de produtos desde os fornecedores até as instalações do cliente ou do próprio prestador de serviços logísticos, realizando a verificação da conformidade e da qualidade do transporte (por meio da avaliação de desempenho).

Controle e pagamento de fretes – é o controle de todo e qualquer transporte executado por terceiros, contratado pelo cliente ou pelo próprio operador logístico (por meio da autorização e execução do pagamento de fretes).

Armazenagem seca ou refrigerada, normal ou alfandegada – a armazenagem seca é para produtos comuns, que não necessitam de controle de temperatura. Armazenagem refrigerada é aquela destinada a produtos que exigem controle de temperatura. A armazenagem alfandegada é aquela em que os produtos são armazenados sem precisar recolher os tributos incidentes sobre eles, até o momento de sua retirada do armazém. Trata-se de um tipo de operação aduaneira devidamente regulamentada pelas autoridades tributárias.

Paletização para movimentação interna e armazenagem – trata-se de consolidar os produtos em paletes, com o objetivo de agilizar movimentações internas, armazenagem e transbordo rápido e seguro no transporte externo (garantir utilidade de uso aos produtos).

Etiquetagem – identificar de maneira correta e adequada os produtos colocados em caixas, sacos, fardos, paletes etc. (que apresentem diversas unidades de um ou mais produtos), preferencialmente com uso de código de barras ou etiquetas para RFID.

» **Controle de estoques, do qual fazem parte os seguintes itens:**

Expedição – é a atividade de realizar expedição física dos produtos incluindo, se necessário, os seguintes serviços: conferência física, quantitativa e documental, roteirização, documentação, incluindo ordem de coleta, conhecimento e manifesto, impressão de nota fiscal, embarque.

Gestão de informações logísticas – são atividades relacionadas com determinação de necessidades informacionais, coleta/obtenção das informações, tratamento, armazenamento/processamento, disseminação e uso das informações essenciais a um desempenho otimizado dos serviços logísticos prestados.

Assessoria fiscal – o operador logístico pode oferecer orientação aos seus clientes, buscando adequar rotinas operacionais às exigências legais, para que as operações sejam legais e consigam redução dos custos finais.

Estudos de viabilidade – realizar estudos dos seus serviços, com o objetivo de desenvolver processos adequados e gerando redução de custos. Se o operador logístico não contar com pessoal habilitado para tanto, os estudos de viabilidade podem ser contratados externamente pelo cliente ou pelo operador.

Prestação de contas – atividade de realizar demonstração de encargos financeiros, na periodicidade acordada com o cliente, especificando todas as atividades que geraram gastos com as respectivas autorizações, quando for o caso, e apresentando as medidas de desempenho.

Medida do desempenho – o processo de avaliação de desempenho dos sistemas logísticos é fundamental para o sucesso empresarial, sobretudo no que diz respeito à melhoria no nível de serviço oferecido aos clientes, uma vez que as pessoas responsáveis pela direção de um negócio necessitam de informações que lhes permitam saber, num dado momento, como este negócio está sendo conduzido, para manter seu andamento, corrigir eventuais distorções ou, ainda, alterá-lo radicalmente. Tais informações necessárias ao processo decisório é que podem ser chamadas de *medidas de desempenho* ou *indicadores de desempenho*.

» **Atividades da administração de materiais com a manufatura** – são atividades desenvolvidas durante o processo produtivo do cliente e podem ser distribuídas da seguinte forma:

Apoio à produção – atividades cujos objetivos são agilizar e reduzir custos do processo produtivo e que podem incluir: a) *Kanban* – técnica japonesa de gerenciamento de materiais e de produção, sinalizadas através de um cartão onde é apontada a necessidade ou não de peças na linha de produção; b) JIT (*just in time*) – é uma filosofia de manufatura baseada no fato de que os materiais e componentes cheguem ao local de produção no momento em que são necessários, buscando reduzir a zero os estoques dos componentes básicos; c) preparação de *kits* de produção – é a separação e organização dos materiais e componentes necessários à produção, de um lote programado sob a forma de conjuntos contendo todos os materiais necessários à produção; d) abastecimento de linha –

é a transferência para o ponto inicial na linha de produção dos materiais e componentes necessários, no momento oportuno, com controle exercido por meios visual, auditivo ou através de sistema planejado (geralmente o *Kanban*).

» **Armazenagem seca ou refrigerada.**

» **Gestão de informações logísticas.**

» **Prestação de contas.**

» **Medida de desempenho.**

» **Atividades da distribuição física com a manufatura** – são atividades desenvolvidas imediatamente após o término do processo produtivo, ainda dentro do ambiente fabril, e podem ser distribuídas da seguinte forma:

Embalagem de produtos acabados ou semiacabados – trata-se de providenciar um invólucro apropriado de acordo com o tipo de produto e/ou a matéria-prima, aplicado diretamente ao material movimentado, visando assegurar sua proteção e preservação (utilidade de uso).

Unitização – dividida em (a) paletização para armazenagem e transferência – que é a atividade de agrupar um ou mais produtos em um palete ou outro tipo de material, permitindo manuseio, armazenagem, movimentação e transporte com o uso de empilhadeiras, paleteiras, eliminando grande parte da mão de obra e, com isso, agilizando o processo de movimentação do produto; (b) conteinerização – é a atividade de agrupar/consolidar produtos acabados ou semiacabados em contêineres, para serem movimentados até o descarregamento final, em geral para operações de comércio exterior.

» **Armazenagem seca ou refrigerada.**

Preparação para expedição – trata-se de executar algumas atividades como: a) identificação do produto – marcação de um produto, caixa ou embalagem unitizada por algum meio que permita identificá-lo (código de barras, etiqueta para RFID etc.); b) conferência física; c) conferência quantitativa; d) conferência documental; e) montagem de *kits* de produto acabado (*kits* comerciais) – é a atividade de agrupar uma quantidade de produtos com a finalidade de atender a um pedido especial, em geral associado a promoções, e montados em embalagens específicas para atender necessidades da área de vendas/cliente.

» **Expedição industrial.**

Distribuição direta da fábrica – é a atividade de efetuar a entrega de produto acabado diretamente da fábrica para clientes.

Transferência para centros de distribuição (CDs) – trata-se de efetuar o deslocamento de produto acabado ou semiacabado da fábrica para centros de distribuição do próprio fornecedor, do operador logístico ou de terceiro, para armazenagem e posterior distribuição.

Roteirização – é a atividade, suportada por *software* específico, que faz a programação do "caminho" (roteiro) a ser seguido pelos veículos para realizarem as entregas dos produtos aos clientes (ou transferência para CDs).

» **Rastreamento de veículos.**

Documentação – realização das tarefas de: a) movimentação; b) embarque; c) impressão de nota fiscal.

» **Controle de pagamento de fretes.**

» **Gestão de informações logísticas.**

» **Medidas de desempenho.**

» Atividades próprias da distribuição física – são atividades desenvolvidas imediatamente após o término do processo produtivo, já fora do ambiente fabril, e podem ser relacionadas da seguinte forma:

Recebimento de produto acabado – realização das tarefas de: a) desconsolidação – entendido como o processo de separação de cargas que chegam ao recebimento, consolidadas em um mesmo veículo, com vários produtos de um mesmo cliente ou de clientes diferentes; b) conferência física, conferência quantitativa e documental.

» Armazenagem seca ou refrigerada, normal ou alfandegada. *Cross docking* – é a tarefa realizada no serviço de distribuição de produtos, com recebimento consolidado destes, e, dentro do CD, a realização de desconsolidação e/ou pulverização das entregas solicitadas. Uma área de *cross docking* destina-se somente ao trânsito, onde todos os produtos que entram devem dar saída num período máximo de 48 horas.

» Controle de estoques.

» Embalagem.
Unitização – onde se realizam as tarefas de: a) paletização para armazenagem e transferência e conteinerização; b) serviços especiais – como o atendimento a necessidades diferenciados dos clientes, que dizem respeito a serviços logísticos: c) separação *(pick/pack)* – atendimento às necessidades dos clientes no que se refere a venda fora do múltiplo de paletes, realizando o *picking* de produtos conforme o pedido, inclusive fazendo a roteirização, caso solicitado; d) montagem de *kits* comerciais – agrupar diferentes unidades de vários itens, formando um novo produto; e) etiquetagem – trata-se de realizar a identificação, via rótulo e atendendo às normas da legislação nacional (geralmente por meio de código de barras); f) troca de etiquetas e manuais (nacionalização) – é a substituição necessária de rótulos na nacionalização de produtos

importados; g) conferência física, conferência quantitativa e documental; h) expedição – é a tarefa de expedir os produtos.

» Distribuição direta da fábrica.

» Distribuição a partir do CD.

» Transferência entre CDs – trata-se de realizar a transferência de produto acabado ou semiacabado de um CD para outro, em geral, para corrigir demandas mal estimadas.

» Roteirização.

» Rastreamento de veículos.

» Documentação – para as tarefas de *movimentação, embarque* e *impressão de nota fiscal*.

» Controle de pagamento de fretes.

» Gestão de informações logísticas.

» Estudos de viabilidade.

» Prestação de contas.

» Medida do desempenho.

» **Atividades da distribuição física com o cliente do fornecedor** – são atividades desenvolvidas fora do ambiente da empresa contratante, podendo ser relacionadas da seguinte forma:

Entrega de produtos secos ou refrigerados – é a atividade de entregar produtos no CD ou nas lojas do cliente do fornecedor.

Abastecimento de gôndolas – trata-se de realizar o controle dos estoques no ponto de venda por meio da conferência das quantidades e do reabastecimento das gôndolas.

Retirada de paletes vazios – atividade de separar e retirar os paletes vazios para a liberação da área e a futura utilização destes.

Retirada de devoluções – realizar o recebimento e subsequente encaminhamento dos materiais e/ou produtos que tenham sido devolvidos pelo cliente do fornecedor.

» **Prestação de contas.**

» **Medida do desempenho.**

» **Atividades da distribuição física ao consumidor** – são atividades desenvolvidas fora do ambiente da empresa que contrata o operador logístico, e podem ser relacionadas da seguinte forma:

Entrega direta do fornecedor ao consumidor, como no caso de consórcios – são as tarefas relacionadas com a expedição de produtos, podendo incluir os serviços inerentes à expedição, além do acompanhamento e controle de todo o processo até o recebimento.

Serviço de atendimento ao consumidor – aqui podem ser realizadas tarefas como: a) instalação – o serviço de implantar e/ou colocar o produto no ponto de interesse do consumidor, permitindo sua total operacionalização; b) troca de produtos – realizar a retirada e a substituição de itens adquiridos pelo consumidor, por motivos de avaria ou outro motivo técnico.

» Prestação de contas.

» Medida do desempenho.

Como você pôde perceber, são inúmeras as atividades que um operador logístico pode desenvolver ao longo da cadeia de suprimentos. Salientamos que a ABML (1999) tão somente detalha as atividades de forma eminentemente prática, enquanto Ballou (1993) apresenta uma classificação genérica de forma didática. Em razão das atividades desempenhadas, os operadores logísticos necessitarão possuir (ou não) determinados ativos e, sobretudo, o necessário conhecimento para operar os sistemas logísticos (ou parte deles) dos seus clientes, o que determina que eles possam ser classificados de alguma forma, conforme veremos a seguir.

» Classificação dos operadores logísticos

Deve ficar claro para você que não existe uma fórmula padrão para se classificar um operador logístico em determinada categoria, uma vez que o porte da empresa, a disponibilidade de recursos financeiros, a capacitação da sua equipe de profissionais, entre outros aspectos, serão fundamentais para posicionar um operador logístico em uma determinada categoria de atuação. Porém, de forma didática, podemos classificar os operadores logísticos em função de dois aspectos importantes: primeiro, em função dos recursos utilizados por eles; segundo, em função do seu espectro de atuação.

Importante levar em conta que, para ser considerada *operador logístico*, uma empresa deve realizar, no mínimo, duas das atividades primárias (ou básicas) da logística – por exemplo, armazenagem e gestão de estoques, ou transporte e processamento de pedidos. Caso contrário não será um operador logístico, e sim um prestador de serviços logísticos especializados (transporte ou armazenagem, por exemplo).

Assim, de forma didática, podemos classificar os operadores logísticos, conforme a posse de recursos, em:

» Operadores baseados em ativos – são caracterizados por possuírem investimentos próprios em transporte, armazenagem, equipamentos e recursos tecnológicos para a execução das operações logísticas.

» Operadores baseados em informações – são operadores que vendem *know-how* de gerenciamento, baseando-se em sistemas de informação e capacidade analítica, buscando soluções customizadas para cada cliente, bem como utilizando ativos de terceiros, conforme necessário.

Outra forma de classificarmos um operador logístico é pelas atividades desenvolvidas. Assim, podemos classificá-los como:

» Operadores de amplo espectro – são aqueles operadores logísticos que realizam a maioria (senão todas) das atividades logísticas (primárias e operacionais), atendendo às demandas dos seus clientes sob medida. Também desenham em conjunto com os clientes as operações logísticas necessárias para agregar valor aos produtos/serviços destes.

» Operadores de espectro limitado – são operadores que atuam em determinadas situações de demanda específica dos seus clientes, oferecendo serviços em apenas algumas das atividades logísticas (primárias e/ou operacionais). Porém, também desenham as operações em conjunto com seus clientes, principalmente para solucionar problemas específicos caso a caso.

Ou seja, cada caso pode demandar serviços logísticos diferentes e diferenciados, cabendo ao cliente definir, em conjunto com o operador logístico, a forma de atuação, o nível de serviço desejado, os recursos necessários, entre outros aspectos relevantes para a operação logística. O objetivo final deve ser sempre agregar valor aos produtos/serviços de forma a ampliar a competitividade organizacional.

É importante que você compreenda que os operadores logísticos agregam valor às atividades dos sistemas logísticos e representam uma grande oportunidade para que as empresas possam se concentrar em fazer aquilo que é sua competência central, aquilo para que foram criadas, deixando atividades que exigem especialização nas mãos de especialistas.

>>> Para saber mais

LOGÍSTICA TOTAL. Disponível em: <http://logisticatotal.com.br/>. Acesso em: 19 jan. 2011.

Indicamos esse sítio com o objetivo de trazer a você mais um local para pesquisas, pois nele podemos encontrar vários artigos sobre logística, inclusive sobre operadores logísticos, monografias e notícias da área.

>> Síntese

Neste capítulo, você pôde conhecer um dos importantes "atores" para sistemas logísticos flexíveis, ágeis e competitivos – os operadores logísticos –, que se caracterizam por oferecer prestação de serviços logísticos terceirizados nos canais de distribuição, desempenhando as principais atividades logísticas, que podem ser primárias ou operacionais.

Os operadores logísticos surgiram, no Brasil, a partir da evolução da economia, quando as indústrias internacionais (sobretudo as automobilísticas) começaram a fabricar os chamados *produtos mundiais*, em que padrões de qualidade internacionais são exigidos e a velocidade na operação é uma das principais exigências. Muitas dessas indústrias internacionais trouxeram para o país seus principais fornecedores de matérias-primas e de serviços, operadores logísticos aí incluídos.

As grandes empresas transportadoras que atuavam no Brasil, nesse momento, incorporaram as novas práticas e começaram a oferecer serviços logísticos integrados a seus clientes e não apenas serviços de transportes. Ao agregar novas atividades logísticas (como armazenagem e processamento de pedidos, por exemplo), essas transportadoras se tornaram operadores logísticos e, com isso, o crescimento dessa nova modalidade de serviços dentro das cadeias de suprimentos foi explosivo e decisivo para aumentar a competitividade das indústrias brasileiras no cenário internacional.

Assim, neste capítulo, procuramos demonstrar a importância e o papel que os operadores logísticos ocupam dentro das cadeias de suprimento, como alavancadores da competitividade organizacional, por possibilitarem que os produtos cheguem mais rapidamente aos mercados consumidores, em melhores condições de uso/consumo (sem avarias ou com estas minimizadas) e com custos mais competitivos.

Você viu que, para ser considerado um operador logístico, o prestador de serviços precisa desempenhar, no mínimo, duas das atividades logísticas primárias e as demais atividades operacionais. Além disso, aprendemos que os operadores logísticos podem ser baseados em ativos, quando vendem o serviço e oferecem todos os recursos necessários à sua execução, ou baseados em *expertise*, quando vendem o seu *know-how*, a sua experiência de gerenciamento de sistemas logísticos.

Também aprendemos que o operador logístico pode ser classificado em função da amplitude (espectro) de sua atuação, quando presta uma ampla gama de serviços, executando todas (ou quase todas) as atividades logísticas, ou quando oferece uma gama restrita de serviços, atuando com foco em determinadas atividades logísticas.

A escolha por um ou outro tipo de operador logístico sempre será do cliente, que baseará sua escolha no nível de serviço que pretende oferecer aos seus clientes finais. Para tanto, estabelecerá com o operador logístico um acordo de nível de serviço (SLA), o qual deverá ser cumprido para que os objetivos da empresa sejam atingidos, em termos de competitividade ou qualquer outro critério estabelecido para nortear o contrato a ser estabelecido.

>>> Estudo de caso

A K & R e a contratação de um operador logístico

Existe um valor significativo de perdas no varejo brasileiro, estimadas em US$ 2 bilhões por ano. Na K & R Pharmaceutical, as rupturas somaram US$ 60 milhões no último ano fiscal. Buscando melhorar o nível de serviço ao cliente, a empresa decidiu ajustar a relação entre demanda/estoque e está partindo para implantar um sistema de reposição contínua de produtos com alguns de seus fornecedores. Trata-se de uma prática de resposta rápida que contribui para reduzir faltas mediante o dimensionamento adequado dos estoques e a redução no ciclo do pedido. Em parceria com um operador logístico, especialmente contratado para desenhar a operação logística da K & R, estabeleceu-se um novo sistema apoiado em parâmetros (estoques mínimos) previamente definidos entre as partes envolvidas (fornecedor e indústria) para disparar o processo. Ou seja, os produtos são "puxados" conforme a demanda e não "empurrados". Adotou-se o modelo VMI (*Vendor Managed Inventory*), em que os estoques são gerenciados pelo fornecedor e o operador logístico opera a gestão dos estoques, a armazenagem, os transportes e todas as demais atividades operacionais relacionadas.

Os resultados de um projeto-piloto, lançado em setembro do último ano, foram animadores. Nos primeiros meses desse ano, quando a reposição começou na prática, o nível de serviço da K & R, que não era ruim (82%), deu um salto para 94%.

A cobertura de estoques foi reduzida de 40 dias para 7 dias; o ciclo de vida do pedido caiu de 8 dias para 1 dia; o volume de estoque de produtos do fornecedor na K & R mais a área de armazenagem caiu 68% (de 15.778 para 5.088 volumes); o valor médio do pedido passou de US$ 38.363,00 para US$ 10.042,00 (queda de 74%); o número de pedidos/mês, por sua vez, aumentou de 7 para 22. Só para se ter uma ideia, as transações entre a K & R e seu fornecedor, no ano anterior, somaram 47 mil caixas (22,8 milhões de unidades de produtos).

Foram envolvidos no projeto K & R/Fornecedor 43 itens (SKUs). Os estoques no Centro de Distribuição (CD) da K & R, localizados nos arredores de Campinas-SP, foram dimensionados para uma semana. A forma de transação eletrônica escolhida foi o EDI (*Electronic Data Interchange*). Todos os dias, logo cedo, chega à fábrica do fornecedor (em Uberlândia – MG) um arquivo eletrônico com a posição do estoque da K & R, com cópia para o operador logístico. Os dados são analisados pelo fornecedor e pelo operador logístico e o pedido é emitido pelo fornecedor por volta das 11 horas (ele segue de volta para a K & R para aprovação). Na mesma hora, a filial do fornecedor, localizada nas instalações do operador logístico, recebe a lista de separação (*picking list*), separa o pedido e imprime a nota fiscal (que é enviada eletronicamente para a K & R, com cópia para o fornecedor). Às 17 horas, o pedido é entregue na K & R.

A filial do fornecedor (implantada nas instalações do operador logístico), por sua vez, foi dimensionada para ter um mês de cobertura de estoque (90 posições), com uma previsão de chegar a 15 dias, até o final do ano. A reposição dos produtos, da matriz para a filial, também é automática e organizada pelo mesmo operador logístico.

Nos dois primeiros meses do ano, foram definidos os pré-requisitos logísticos da operação: transferência de estoques (1 mês), implementação de conexão *dial-up* dos algoritmos no sistema, recebimento/localização de produtos, nota fiscal da compra, treinamento das pessoas envolvidas e emissão da primeira nota fiscal eletrônica.

Embora ainda no estágio inicial de funcionamento, já se podem perceber alguns resultados significativos:

Antes	Depois
Planejamento era maior que vendas (descadenciado).	Cliente no comando (com entendimento do giro).
Negociação do tipo "empurrar" (aquela em que o vendedor força a venda, "empurrando" seus produtos aos clientes sem considerar suas necessidades reais) concentrada no final do mês.	Estoques "puxados".
Vendedores eram meros "tiradores de pedidos".	Algoritmos de reposição, com vendedores passando a atuar como consultores.
Baixa frequência de pedidos pequenos e grandes.	Alta frequência de pedidos com pedidos menores.
Ações isoladas.	Ações conjuntas (união de culturas).
Perda de tempo em gerenciamento do processo logístico.	Tempo para dedicar-se ao negócio, uma vez que o operador logístico se ocupa de gerenciar o processo.

Na avaliação das empresas envolvidas, alguns aspectos um pouco complicado e que demandam tempo são: a implementação do EDI (opção da K & R – embora esteja previsto um piloto para utilizar a internet), os ajustes nos *layout* dos arquivos e as falhas no envio. O segredo está no trabalho em sintonia entre as três empresas envolvidas, num trabalho completamente colaborativo.

Analise o caso apresentado e proponha alternativas para melhorar o processo, se for o caso.

» Questões para revisão

1) O que é um operador logístico?

2) O que podemos entender como gestão de informações logísticas?

3) Os canais de distribuição devem ser bem compreendidos pelas empresas que desejam maximizar seus resultados, uma vez que eles cumprem, essencialmente, três funções, sendo que uma delas relaciona-se diretamente com os operadores logísticos. Assinale a alternativa que representa essa função.
   a. Manter fluxo de informação entre provedores e clientes finais e vice-versa.
   b. Organizar as atividades logísticas para garantir o fluxo de produtos.

c. Proporcionar agregação de valor aos produtos do fornecedor.

d. Todas as alternativas anteriores estão corretas.

e. Nenhuma das alternativas anteriores está correta.

4) A atividade logística que agrega valor aos produtos por criar utilidade espacial (o produto no lugar certo) é a atividade de:

a. armazenagem.
b. gestão de estoques.
c. processamento de pedidos.
d. embalagem.
e. transporte.

5) A atividade logística que agrega valor aos produtos, por criar utilidade de uso (o produto sem avarias), é a atividade de:

a. armazenagem.
b. gestão de estoques.
c. processamento de pedidos.
d. embalagem.
e. transporte.

» Questões para reflexão

1) De que forma podemos classificar um operador logístico sob a perspectiva da posse de recursos?
2) De que forma podemos classificar um operador logístico sob a perspectiva de sua amplitude de ação?

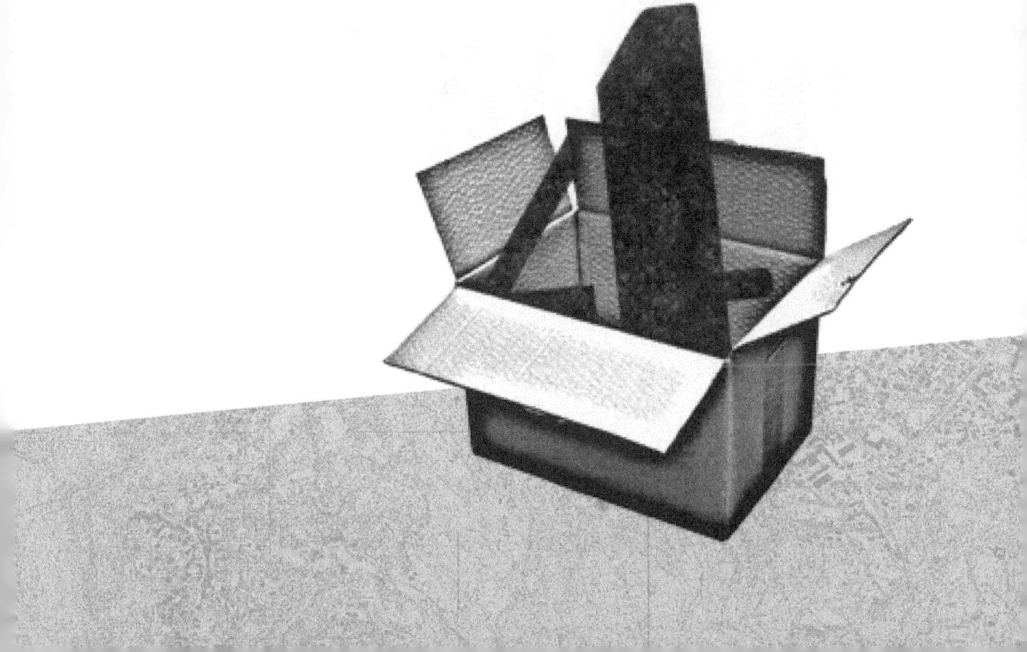

PLATA-FORMAS LOGÍS-TICAS

》》 Conteúdos do capítulo:
» A importância das plataformas logísticas para o desenvolvimento regional;
» A exigência de rapidez e a flexibilidade como novos parâmetros competitivos;
» A importância da prática de intermodalidade para dar suporte a plataformas logísticas;
» A importância dos recursos de tecnologia da informação e de comunicação para os sistemas logísticos.

》》 Após o estudo deste capítulo, você será capaz de:
» compreender o papel das plataformas logísticas para o desenvolvimento de regiões econômicas;
» conceituar plataformas logísticas;
» entender a importância da prática de intermodalidade de transportes;
» demonstrar o papel dos organismos públicos para o funcionamento das plataformas logísticas.

A existência de plataformas logísticas decorre, por um lado, da necessidade de se organizar o adequado abastecimento (suprimentos) das indústrias e, de outro (na outra ponta), de tornar o mais racional possível a distribuição dos produtos fabricados por elas. Além disso, essas estruturas possibilitam aproveitar a localização estratégica de determinadas regiões próximas a grandes centros consumidores. Para Dubke, Ferreira e Pizzolato (2004) "as plataformas logísticas surgem como resposta à economia moderna, que exige maior velocidade de reação no desempenho rumo à adaptação da grande diversidade de demanda".

A criação das plataformas logísticas permite a distribuição de atividades econômicas dentro de determinadas regiões de forma equilibrada, a partir de um plano adequado de ocupação de espaços geográficos, evitando-se a concentração da produção econômica apenas em torno dos grandes centros. Somente isso já seria motivo suficiente para que ocorressem amplas discussões, no Brasil, nos meios acadêmicos e empresariais em torno do tema. Porém, como você deve saber, não é o que acontece.

Segundo Duarte (1999), na Europa existem vários debates sobre a questão da intermodalidade de transporte e a criação de plataformas logísticas públicas, e, apesar da diversidade de nomes (*Plateformes Logistiques Publiques*, na França; *Distriport*, na Holanda; *Interporto*, na Itália; *Freight Village*, na Inglaterra; *Guterverkehrszentren* – GVZ, na

Alemanha; *Centrales Integradas de Mercancias* – CIM, na Espanha), existe uma convergência no que diz respeito à sua necessidade, principalmente para o desenvolvimento regional dentro de um país, até mesmo para o desenvolvimento de regiões comerciais internacionais, como a região do Mercado Comum do Sul (Mercosul).

Mas... você sabe o que é uma plataforma logística?

Trata-se de uma infraestrutura logística multimodal, que conta com a possibilidade da prática da intermodalidade de transportes, suporte de recursos de telecomunicações, recursos de tecnologia de informação e apoio comercial. Uma plataforma logística exige uma estrutura adaptada às necessidades reais dos usuários e deve ser dimensionada de acordo com a região em que é instalada, depois de analisado cuidadosamente o impacto que nela causará.

Para o sucesso de uma plataforma logística, é preciso contar com a existência de um sistema de comunicação integrado e com um sistema de informações eficiente, que possa evitar ou minimizar erros e redundância de procedimentos, além de reduzir tempos necessários às operações logísticas, aumentando a transparência e a segurança dos processos operacionais. Destacamos que é fundamental, ainda, a possibilidade da prática da intermodalidade de transportes. Essas exigências decorrem da necessidade do fluxo de informações, para acompanhar-se o fluxo físico das mercadorias.

Além disso, para a eficiência das plataformas logísticas, é preciso contar com decisões rápidas por parte da administração pública. Segue daí a importância de que nessas plataformas estejam instalados os órgãos públicos intervenientes nos processos comerciais internacionais, como a Receita Federal. Isso porque não é suficiente investir em espaços físicos, terminais e equipamentos, se os procedimentos burocráticos não forem adaptados para garantir agilidade no desembaraço aduaneiro, de forma a reduzir os tempos de ciclo dos processos logísticos.

Lembramos que a integração do fluxo físico de mercadorias ocorre com base no fluxo de informações. Assim, uma plataforma logística bem planejada e adequadamente gerenciada permite a integração e a comunicação em tempo real de todos os agentes intervenientes no processo logístico, como: indústrias, fornecedores, clientes, empresas importadoras e exportadoras, despachantes aduaneiros, transportadores, armazenadores, além da Receita Federal.

Já vimos o conceito de plataforma logística (capítulo 1), lembra? Vamos novamente ver esse conceito, mas antes disso, devemos saber a razão da sua existência.

>>> Para saber mais

TIXIER, D.; MATHE, H.; COLIN, J. **A logística na empresa**. Porto: RÉS, [19--?].

Nesse livro, você tem a indicação do papel da logística na administração. Os autores demonstram como determinar políticas logísticas e estruturar as organizações para sua operacionalização. Mostram ainda como a logística causa impacto nas empresas e no meio ambiente que as circunda. Trata-se de um livro bastante prático, ilustrado com vários exemplos que permitem compreender a importância da logística para as organizações e para a sociedade. Vale a pena investir na leitura dessa obra.

>> Razões para a existência de plataformas logísticas

Diante do que já vimos, você conseguiria enumerar algumas razões para a existência de plataformas logísticas? Podemos apontar que as principais razões para a necessidade dessas plataformas estão relacionadas diretamente com o crescimento do comércio internacional*. Prazos para pagamento, bons preços e qualidade já não são mais condições suficientes para competir no mercado. Há a necessidade de se chegar mais rapidamente aos mercados e de se ter infraestruturas capazes de suportar novas práticas de operações

---

* Isso possibilita as práticas de *global sourcing*, que será o tema do próximo capítulo.

logísticas (por exemplo, a logística de resposta rápida). Veja que, dessa forma, agilidade, flexibilidade e rapidez de resposta são as novas condições que se adicionam aos critérios competitivos anteriores.

Uma plataforma logística exerce importantes impactos na região na qual se instala, tais como: a dinamização da economia regional ao criar condições para a instalação de empresas industriais e comerciais; a geração de empregos (com a consequente maior distribuição de renda); uma maior integração regional pelas possibilidades da prática de transportes intermodais e a interiorização do desenvolvimento, quando essas plataformas são localizadas em pontos estratégicos de um país (Paraná..., 1998).

Sabemos que o transporte rodoviário é o mais utilizado nos sistemas logísticos dos países, sobretudo no Brasil, uma vez que é o modal mais adaptado à logística de resposta rápida exigida pelos sistemas JIT. Porém, quando se pensa em atuação global, é necessário praticar a intermodalidade de transportes, uma vez que, em termos macrologísticos, isso é indispensável na distribuição física internacional exigida pela logística integrada. Assim, é preciso pensar em infraestrutura logística que suporte a prática de atuação globalizada. Nesse contexto, o papel dos governos (federal, estaduais e municipais) é essencial, uma vez que a implantação de infraestrutura deve ser suportada por investimentos públicos e privados, até mesmo nas tão faladas parcerias público-privadas (PPPs).

Salientamos que esse processo exige integração de todos os modais de transporte, que são: o rodoviário, o aéreo, o ferroviário, o hidroviário e, mesmo, o dutoviário, em alguns casos. Em virtude dessa necessidade, é importante "definir uma política de ordenamento que oriente com critério a implementação mais concentrada desses empreendimentos e impeça a especulação imobiliária sobre terrenos de natureza eminentemente estratégica, assegurando a sua reserva" (Sequeira, 2002).

Sem uma participação ativa do governo na área logística, sobretudo na questão das plataformas logísticas, será difícil um desenvolvimento consolidado para os sistemas logísticos regionais, que trarão benefícios à economia como um todo, pois o retorno financeiro de investimentos dessa magnitude é lento. Assim, as plataformas logísticas podem ser concebidas e construídas pela iniciativa pública e, depois, sendo privatizadas à medida que exista a viabilidade econômico-financeira desejada pela iniciativa privada. Outra possibilidade é a realização de PPPs, de forma que os investimentos sejam efetuados e possibilitem o retorno à iniciativa pública, em termos de desenvolvimento regional e geração de empregos e renda; à iniciativa privada, em termos de melhor aproveitamento dos seus sistemas logísticos, além dos ganhos resultantes da maior competitividade global.

Apenas para ilustrarmos a questão da participação do governo na implantação de plataformas logísticas, segundo

Silva (2007), a Plataforma Logística Pública Eurocentre, localizada no sul da França (em Toulouse), é um "empreendimento público, projetado sob a formatação de parcerias públicas privadas e financiado pelo Estado Francês e pela União Europeia". Trata-se de uma instalação com 300 hectares de área, que conta com toda a infraestrutura necessária para atividades industriais direcionadas ao segmento de logística de transporte, além de contar com serviços diferenciados.

A definição de plataforma logística, como veremos na continuação, é bastante interessante e gera muitos benefícios para a região onde é instalada. Porém, exige empenho por parte do governo e elevado volume de recursos para o investimento em infraestrutura e integração de informações, além da necessária desburocratização que garanta rapidez de resposta aos sistemas logísticos. Caso contrário, sua implantação será ineficaz.

>>> Para saber mais

MERCAMADRID INTERNATIONAL. Disponível em: <http://www.mercamadrid.es/>. Acesso em: 20 jan. 2011.

Plataforma logística com foco na distribuição de alimentos localizada em Madrid, na Espanha. Vale a pena você conhecer esse *site*, que mostra os benefícios oferecidos às empresas ali instaladas.

EUROCENTRE. Disponível em: <http://www.eurocentre.fr/index.php>. Acesso em: 20 jan. 2011.

Nesse sítio você vai conhecer uma plataforma logística multimodal, localizada no sul da Europa, em Toulouse, França. Com boas ilustrações, demonstra suas facilidades e benefícios para as empresas que se instalam ali, bem como o impacto da plataforma para a região.

›› Definição de plataforma logística

Segundo Duarte (1999), uma plataforma logística é um local que reúne facilidades que permitem melhorar a eficiência logística. Isso implica organizar de forma eficiente o fornecimento e a distribuição de produtos e, como consequência, reduzir os custos operacionais.

Portanto, as plataformas logísticas são instalações voltadas para a satisfação do cliente (fornecedor, indústria, operadores etc.). Isso exige uma visão sistêmica do processo logístico e, como consequência, acaba conduzindo à necessidade de integração. De acordo com Collin (1996), os europeus procuraram criar localizações logísticas com o objetivo de melhorar o nível de serviço aos clientes e, ao mesmo tempo, racionalizar custos. O autor apresenta três tipos de localizações logísticas: a) sítios logísticos – espaços fisicamente bem delimitados nos quais atua um único operador; b) zonas logísticas – também espaços físicos bem delineados, em que são oferecidos serviços e facilidades de multimodalidade a diversos operadores, agrupando vários sítios logísticos; c) polos logísticos – amplos espaços delimitados, nos quais existe alta concentração de atividades logísticas que agrupam várias zonas e sítios logísticos. Você pode visualizar essas localizações na figura, a seguir:

» Figura 4.1 – **Diferentes tipos de localizações logísticas**

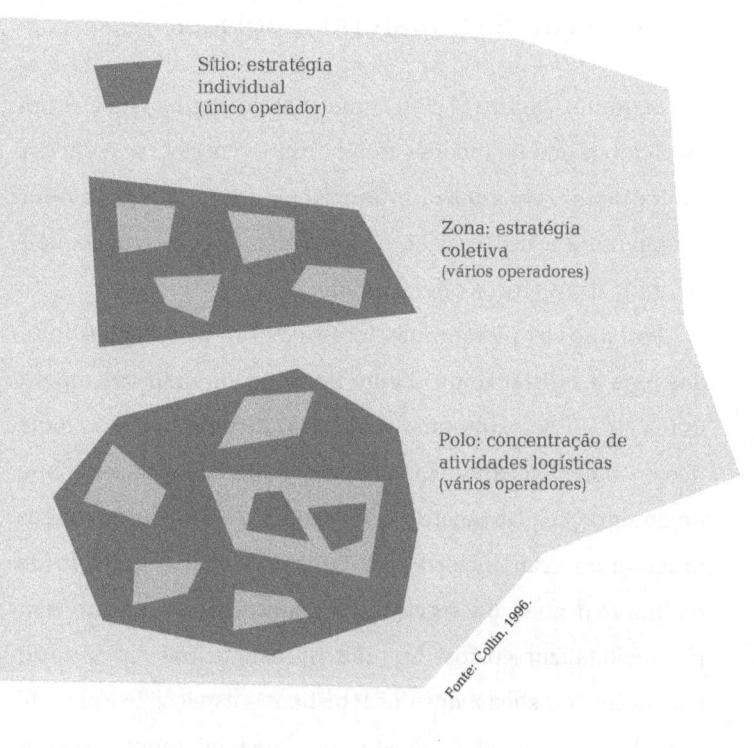

Sítio: estratégia individual (único operador)

Zona: estratégia coletiva (vários operadores)

Polo: concentração de atividades logísticas (vários operadores)

Fonte: Collin, 1996.

Os polos logísticos abordados por Collin (1996) representam aquilo que se convencionou denominar *plataforma logística*, que concentra a realização de diferentes atividades logísticas e vários operadores logísticos, como os de transporte, de armazenagem etc. Na continuação, veremos mais algumas definições para *plataforma logística* e, em seguida, procuraremos estabelecer um conceito para o termo.

Para Rosa (2004), uma plataforma logística é uma área de serviços logísticos que se situa em um ponto modal do sistema de transportes e da cadeia logística. Por meio dela, obtêm-se importantes contribuições para a cadeia de valor, uma vez que é possível agregar valor aos produtos através dos serviços de transporte, de telecomunicações ou outros serviços aos clientes.

Outra forma de definirmos *plataforma logística* é caracterizá-la como *estrutura física*, num sítio geográfico específico, que conta com recursos de comunicação e informação integrados (com base na TI – *Information Technology*) e com a possibilidade de praticar a intermodalidade ou a multimodalidade de transportes, serviços públicos, bancários e de suporte às operações logísticas.

Por meio dos conceitos verificados, podemos definir *plataformas logísticas* como centros de distribuição, consolidação e/ou transbordo de cargas, nos quais se reúnem diferentes opções de transporte em locais que contam com toda a infraestrutura necessária para o melhor funcionamento operacional dos sistemas logísticos empresariais.

Outra característica significativa a considerarmos, com base nos conceitos até aqui analisados, é que podemos inferir a existência de diferentes tipos de plataformas logísticas, conforme seu objetivo ou finalidades a que se propõe atender, conforme veremos na sequência.

»› Tipos de plataformas logísticas

Duarte (1999) apresenta diferentes possibilidades para a existência de plataformas logísticas com diferentes vocações. Considerando-se as finalidades, o tipo de atuação e outras características significativas, podemos caracterizá-las como:

» Portos – áreas que permitem a prática do transporte hidroviário e contam com área para armazenagem, consolidação e distribuição de cargas dentro da zona portuária. Além disso, contam com serviços de despacho e desembaraço aduaneiro, com todos os serviços públicos relacionados às atividades de comércio internacional. Essas áreas contam com um forte componente industrial e de serviços.

» Porto seco – tem a mesma finalidade dos portos, com a diferença de localizar-se sempre no interior do continente. Possibilita a prática do transporte rodoviário e/ou ferroviário. No Brasil, utiliza-se de forma popular a expressão *porto seco* para referir-se a uma estação aduaneira interior. Geralmente, os portos secos localizam-se em áreas distantes de portos ou aeroportos (nas chamadas *zonas secundárias*), embora também possam localizar-se geograficamente próximos dessas instalações.

» Estação Aduaneira Interior (Eadi) – são estações aduaneiras no interior que apresentam as mesmas características de um porto seco, com a diferença de poder receber cargas sem necessidade de nacionalização nos portos ou nos aeroportos, uma vez que o desembaraço aduaneiro ocorre nas suas dependências. Ainda segundo Duarte (1999), "o desembaraço das mercadorias e a fiscalização dos contêineres enviados através de trem ou caminhão para os navios ou aviões, para mercado interno ou externo, pode ser reduzido em até 30%".

» *Global transpark* – podemos considerá-la uma megaplataforma logística, uma vez que tem a intenção de abranger imensas áreas geográficas, geralmente de dimensões continentais. Segundo Kasarda (1997), trata-se de uma infraestrutura industrial multimodal avançada de transporte aéreo, que proporciona o ambiente logístico adequado para a produção e a distribuição de mercadorias em dimensões globais, com o objetivo de aumentar a competitividade industrial e incrementar as exportações. Tal infraestrutura pressupõe a existência de todas as facilidades logísticas necessárias para operações globalizadas, localizadas próximas a grandes aeroportos concentradores (*hubs*), contando com portos, portos secos, Eadis e outros aeroportos que funcionam como alimentadores para o *hub* central.

Como podemos perceber, todos os tipos de plataformas são instalações destinadas a facilitar ou agilizar os processos logísticos, sempre dotando os sistemas logísticos das empresas de recursos adicionais para aumentar sua eficiência e, como consequência, sua eficácia.

» Elementos integrantes de uma plataforma logística

Conforme pudemos observar, as plataformas logísticas existem para facilitar e/ou agilizar os processos logísticos das empresas. Assim, devem contar com elementos que possibilitem atingir esse objetivo. As atividades oferecidas nas plataformas logísticas estão intimamente relacionadas com as atividades primárias e secundárias da logística. Segundo Ballou (1993), elas são:

- » Atividades primárias – processamento de pedidos, manutenção de estoques e transporte.
- » Atividades secundárias – armazenagem, manuseio de materiais, embalagem de proteção, obtenção, programação de produtos e manutenção de informação.

Essas atividades se inter-relacionam com o objetivo de aumentar o nível de serviço, sendo que as atividades de programação de produtos e manutenção de informações dão suporte à atividade de manutenção de estoques; as atividades de manuseio e materiais e embalagem de proteção dão a necessária sustentação à atividade de transporte; as atividades de armazenagem e obtenção dão suporte à atividade de processamento de pedidos.

Da adequada combinação dessas atividades, da forma como seus processos se desenvolvem, é que se pode oferecer um nível de serviço melhor para os clientes dos sistemas logísticos. É importante você entender que as plataformas logísticas devem oferecer condições de que tais atividades sejam desenvolvidas com a máxima eficiência possível. Segundo Boudouin (1996), uma plataforma logística conta com três áreas específicas e com funções próprias. Veja quais são elas:

» Área para serviços gerais – destina-se ao homem, às máquinas e à empresa. Ao homem, a área oferece serviços de recepção, informações, acomodações, alimentação, serviços financeiros, agências de viagens etc.; para as máquinas são oferecidos serviços de estacionamento, abastecimento, manutenção e/ou reparos; para a empresa se oferecem serviços alfandegários, de administração e de telecomunicações.

» Área para transporte – é uma área que conta com infraestrutura relacionada aos diferentes modais de transporte, com os diversos eixos de transportes existentes na região onde está instalada. As plataformas logísticas devem ser multimodais, ou seja, devem possibilitar "a integração dos serviços de mais de um modal de transporte, podendo ser, por exemplo, rodoferroviário, rodoaéreo, ferro-hidroviário, hidroaéreo etc." (Razzolini Filho, 2007).

» Área para os operadores logísticos – trata-se de áreas adjacentes às áreas públicas para o adequado suporte aos processos logísticos, como serviços de corretagem, fretamentos, despacho e desembaraço aduaneiro, assessoria e consultoria, aluguel de equipamentos, armazenagem, transporte e distribuição.

Ao analisarmos a plataforma logística da Eurocentre (Toulouse – França) e da Zona de Atividades Logísticas – ZAL (Barcelona – Espanha), é possível identificarmos a existência dessas áreas pela oferta dos diferentes serviços oferecidos, tais como:

» Área de serviços gerais – conta com aluguel de escritórios, salas para reuniões, bancos, papelarias, livrarias, serviços de cópias, intérpretes, tradução e mensageiros; salas para conferências e videoconferência, recepcionistas, lojas diversas, agências de viagens, cafeterias, restaurantes, correios, bancos etc. Além disso, é possível encontrar instituições de assessoria empresarial e de consultoria, de recursos humanos, entre outras. Nessa área, encontramos serviços para os veículos, como: oficinas para consertos e manutenção, peças de reposição e áreas de estacionamento. Existe também uma área com quartos para o descanso de motoristas, banheiros etc.

» Área para transporte – conta com diferentes empresas que operam serviços intermodais e/ou multimodais de transportes, além de estar localizada em ponto de intersecção de diferentes possibilidades de integração dos serviços de transportes: rodovias, ferrovias, porto marítimo e aeroportos.

» Área para os operadores logísticos – trata-se de espaço que oferece contratação de pessoal temporário para serviços de armazenagem, locação de recursos de tecnologia da informação (computadores etc.), equipamentos de armazenagem e movimentação, entre outros. Há também armazéns para depósito temporário, armazéns alfandegados etc. A ideia central dos serviços oferecidos aos operadores é reduzir custos totais pela transformação dos custos fixos em variáveis, além de buscar minimizar os custos em virtude de serem prestados serviços a diversos operadores ao mesmo tempo (Duarte, 1999).

Além disso, as plataformas logísticas contam com serviços adicionais de segurança e manutenção, por meio de acesso controlado e serviço de patrulhamento em todo o perímetro (que é completamente cercado). As plataformas oferecem serviços de urbanização e construção, prevenção de incêndios e controle deles, de tal forma que operacionalmente funcionam como um grande condomínio, em que os custos são rateados entre todos os ocupantes do espaço, minimizando-se os custos totais para todos os usuários.

>>> Para saber mais

OLIVER, R. **Como serão as coisas no futuro**: sete mandamentos para vencer no novo mundo dos negócios. São Paulo: Negócio, 1999. Sugerimos esse excelente livro porque ele trata de aspectos relevantes para o futuro do mundo dos negócios, indicando tendências e práticas a serem adotadas pelas empresas que desejarem sucesso em mercados altamente competitivos e voláteis. As propostas de organizações logísticas flexíveis e ágeis são bastante interessantes.

Conforme podemos perceber, pela complexidade e tamanho das plataformas logísticas, além das suas finalidades operacionais, é imprescindível contar com o poder público no seu planejamento e implementação. Mais tarde, com a plataforma já consolidada, é possível transferir seu gerenciamento para a iniciativa privada, de forma que os resultados sejam sempre destinados a melhorar a eficiência e a eficácia logística das empresas que delas se utilizam.

>> Síntese

Este capítulo permitiu a você refletir sobre a necessidade da reorganização dos espaços geográficos humanos, uma vez que o crescimento populacional e, consequentemente, dos centros urbanos, demanda inovações nos espaços destinados às atividades dos sistemas logísticos. Essa necessidade levou ao desenvolvimento de propostas visando à criação de sítios logísticos específicos, denominados plataformas logísticas.

Como vimos, o surgimento das plataformas logísticas possibilita uma distribuição mais racional das atividades econômicas, de forma equilibrada, em regiões econômicas com vocação para prestação de serviços logísticos. O continente europeu tem sido aquele que apresenta maior evolução em direção à implantação de plataformas logísticas regionais, que geram incremento no volume de negócios e maior agilidade aos sistemas logísticos.

Vimos também que a implantação de plataformas logísticas no Brasil exige maior envolvimento do poder público, uma vez que os serviços públicos devem estar integrados aos serviços logísticos privados necessários ao funcionamento dessas instalações. Outra exigência é o suporte de recursos das tecnologias da informação e da comunicação (TICs), uma vez que o fluxo de informações é a chave para o adequado funcionamento dos fluxos físicos. Ou seja, é necessário compreender o volume do fluxo físico de mercadorias que ocorre em áreas geográficas específicas, para, então, dimensionar os fluxos informacionais daí decorrentes e implantar os recursos de TICs que suportarão o funcionamento das plataformas logísticas.

Foi possível entender que a lógica para implantação e funcionamento das plataformas logísticas é, além de aliviar os fluxos de tráfego nos grandes centros urbanos, permitir maior agilidade e rapidez ao funcionamento dos sistemas logísticos. Vimos, além disso, que a implantação dessas plataformas dinamiza economicamente as regiões geográficas onde se instalam, porque atraem investimentos, gerando empregos e maior integração inter-regional.

Compreendemos que uma exigência à implantação das plataformas logísticas, e que gera dificuldades no Brasil, é a possibilidade das práticas de intermodalidade de transportes. Isso representa uma dificuldade porque a matriz de transportes brasileira ainda é fortemente suportada pelo modal rodoviário, inexistindo suporte de modal aquaviário e aeroviário (por exemplo) em importantes polos de desenvolvimento econômico com potencial para receber a instalação de uma plataforma logística.

Se entendermos a plataforma logística como uma ampla instalação física, que reúne as necessárias facilidades logísticas para melhorar a eficiência dos sistemas logísticos voltados à satisfação dos clientes, nos processos de fornecimento e distribuição de mercadorias, é possível compreendermos também sua lógica de funcionamento. Assim, as plataformas logísticas visam facilitar a integração das organizações, em suprimentos e distribuição, melhorando a agilidade, a rapidez e a flexibilidade dessas organizações, permitindo melhorias no nível de serviço oferecido a fornecedores e clientes, racionalizando os custos daí decorrentes.

Neste capítulo, você pôde ainda compreender os diferentes tipos de plataformas logísticas com os respectivos serviços por elas ofertados, bem como os resultados decorrentes do seu funcionamento. Enfim, você pôde perceber que as plataformas logísticas podem ser compreendidas como importante instrumento de desenvolvimento socioeconômico para os países.

>>> Estudo de caso

A penetração no mercado europeu pela K & R Pharmaceutical

A K & R Pharmaceutical possui uma fábrica no Brasil (localizada em Campinas – SP) e uma na região Norte do Chile, em Antofagasta.

Suas principais fontes de matéria-prima encontram-se, além de Brasil e Chile, na Índia e na Espanha. Alguns suprimentos (materiais de embalagens e alguns outros insumos) são adquiridos no México e na Argentina.

Atualmente, está estudando a possibilidade de penetrar no mercado europeu, levando seus produtos acabados das fábricas do Brasil e/ou do Chile, a granel, para embalar no país onde se instalar. Ou seja, pretende apenas contar com uma unidade para proceder ao embalamento dos produtos, sem investir na construção de uma fábrica, no sentido mais amplo da palavra.

Analisando a legislação dos países onde poderia instalar-se, verificou-se que é necessário embalar todos os produtos no idioma do país para os quais se destinam (caixa e bula), com informação sobre a sua procedência, tanto na embalagem de apresentação quanto nas embalagens de comercialização. Como os medicamentos a serem comercializados são vendidos em cápsulas ou comprimidos, podem ser exportados (do Brasil e/ou do Chile) em embalagens hermeticamente fechadas com totais condições de assepsia, exigindo manuseio criterioso no local onde serão embalados para comercialização.

Após análise, a K & R Pharmaceutical identificou como possíveis locais para instalação da sua unidade na Europa os seguintes pontos, observe:

» Maasvalkatte Distripark, situado na parte ocidental do Porto de Roterdam.
» Eurocentre – ao norte da cidade de Toulouse, na França.
» Zaragoza Logistics Center (ZLC) – em Zaragoza, na Espanha.
» Zona de Atividades Logísticas (ZAL) – em Barcelona, na Espanha.

Imagine que você foi incumbido de elaborar um relatório técnico para orientar a diretoria da empresa pela definição de um local. Qual seria o local indicado por você e quais critérios seriam levados em consideração na sua análise? Lembre-se de considerar os fatores de transporte, acesso a mercados, entre outros aspectos relevantes para uma decisão dessa natureza.

» Questões para revisão

1) As principais razões para a necessidade de plataformas logísticas estão diretamente relacionados a que?

2) Por que existem as plataformas logísticas?

3) Ao espaço que oferece contratação de pessoal temporário para serviços de armazenagem, locação de recursos de tecnologia da informação (computadores etc.), equipa-

mentos de armazenagem e movimentação, entre outros, em uma plataforma logística, denominamos área:
a. para serviços gerais.
b. para operadores logísticos.
c. para transporte.
d. de suporte operacional.
e. de lazer.

4) As megaplataformas logísticas, geralmente continentais e com suporte de modal aéreo, são denominadas:
a. área de transição temporária.
b. área de transição permanente.
c. *global transpark*.
d. estação aduaneira interior – eadi.
e. porto seco.

5) Um *polo logístico* pode ser entendido como um sinônimo para:
a. área de transição temporária.
b. área de transição permanente.
c. estação de serviços aeroportuários.
d. plataforma logística.
e. zona primária de operações logísticas.

» Questões para reflexão

1) De que forma uma plataforma logística pode possibilitar o desenvolvimento de uma região?
2) Você concorda que o governo deva investir na organização e na criação de plataformas logísticas?

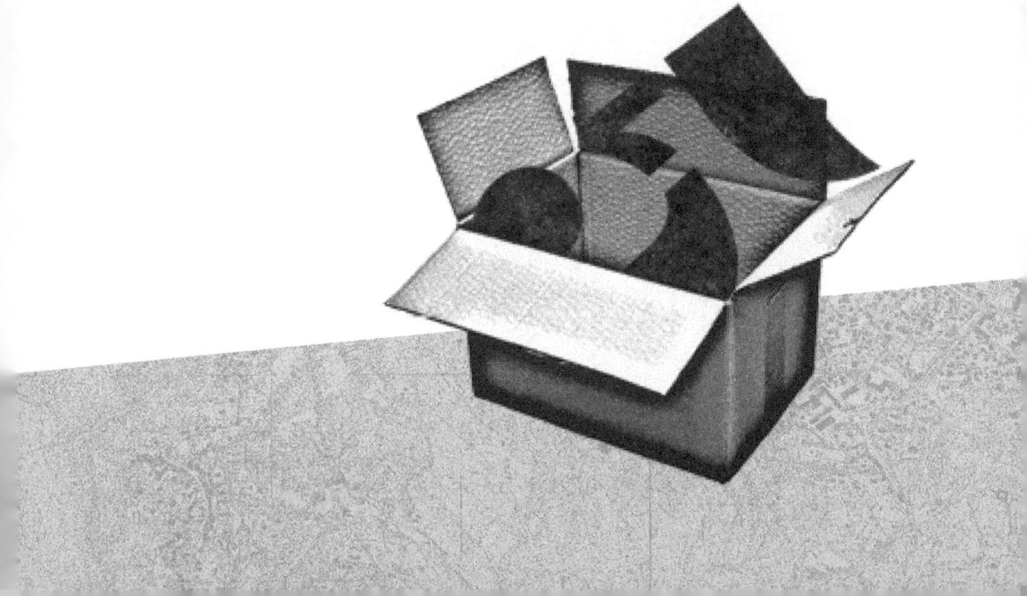
5

GLOBAL SOURCING

››› Conteúdos do capítulo:

» Discussões acerca do processo de globalização e suas exigências sobre os sistemas logísticos;
» Os principais *trade-offs* em logística global;
» Mudanças de paradigmas e novas exigências de habilidades em logística;
» Papel e importância dos fluxos logísticos;
» A importância do *supply chain management* (SCM) em operações globais;
» Os princípios básicos de operações globais.

››› Após o estudo deste capítulo, você será capaz de:

» compreender como a globalização impacta os sistemas logísticos;
» entender o processo de suprimentos em cadeias globalizadas;
» conceituar *global sourcing*;
» entender a inter-relação entre as práticas de *global sourcing* e do *supply chain management*;
» perceber os princípios básicos de operações globais nas organizações.

Para entendermos o que é o *global sourcing*, precisamos compreender que *source*, em português, significa "fonte". Ou seja, trata-se de buscar fontes de suprimento em diferentes pontos do mundo – em um mundo global – e, ao mesmo tempo, tornar-se um fornecedor também global. Diante disso, podemos definir *global sourcing* como uma visão mais ampla da administração das cadeias de suprimentos (*Supply Chain Management* – SCM), trabalhando-se com fornecedores/parceiros e clientes independentemente da sua localização geográfica no globo terrestre.

Destacamos que a *global sourcing* implica que a pesquisa e o desenvolvimento (P&D) de novos produtos sejam feitos em conjunto por fabricantes e fornecedores com base nas necessidades dos clientes. Também é necessário que sejam utilizados os recursos da TI para interligação em redes e da *Eletronic Data Interchange* (EDI), entre outras práticas que veremos ao longo do texto. De maneira simplificada, podemos conceituar *global sourcing* como a prática que possibilita reduzir o número de fornecedores mediante a manutenção de parceiros na cadeia de suprimentos que oferecem atuação globalizada.

» A globalização e a nova visão da logística

Muito tem sido escrito e discutido sobre o fenômeno da globalização. Porém, o objetivo, aqui, é analisarmos a questão da globalização sob a ótica da logística, especificamente no que diz respeito à questão da gestão global de suprimentos e produção, deixando-se de lado as discussões de ordem social, cultural, política e/ou ideológica.

Isso posto, procuraremos analisar os aspectos mais recentes do fenômeno da globalização e a nova visão da logística diante do cenário competitivo que se apresenta às organizações.

⟫ As forças da globalização: novas exigências organizacionais

Quando Mcluhan (1967) escreveu que "nós agora vivemos numa aldeia global... tudo acontece simultaneamente", ele sequer podia imaginar o mundo tão interligado e interdependente como o que se vivencia hoje. Diante desse fenômeno, os mercados devem ser considerados sob um ponto de vista global ao se formularem estratégias de suprimentos, produção, distribuição e *marketing*.

Existe uma lógica clara por trás da atuação das organizações globais: ampliar negócios expandindo mercados, enquanto buscam redução de custos através de economias de escala em compras e produção e por meio da concentração de operações de fabricação e montagem (Dornier et al., 2000).

Além disso, para as organizações globais, existem dois grandes desafios a serem superados, que evidenciamos a seguir:

» os mercados são heterogêneos, exigindo uma adaptação local em muitas categorias de produtos;
» não existindo um alto nível de coordenação, a logística complexa das cadeias de suprimentos globais gera custos mais elevados.

Esses dois desafios, segundo Dornier et al. (2000), estão intimamente relacionados e podem ser explicados em duas questões: Como oferecer aos mercados locais a variedade que eles desejam, mantendo a vantagem da produção global padronizada? Como gerenciar as conexões na cadeia global que vão desde as fontes de suprimentos até o cliente/usuário final?

>>> Para saber mais

BOWERSOX, D. J.; CLOSS, D. J. **Logística empresarial**: o processo de integração da cadeia de suprimento. São Paulo: Atlas, 2001.

Indicamos esse livro para leitura e sugerimos que você dedique especial atenção ao capítulo 5, intitulado "Logística globalizada"; nele, os autores mostram como um sistema logístico eficiente é absolutamente crítico para as atividades globais, uma vez que precisa atender a todos os requisitos do seu país de origem e, ainda, fazer face às exigências das operações internacionais.

O risco é que as organizações globais, procurando vantagens de custos, assumam uma visão muito curta e enxerguem apenas a redução que pode ser obtida com a centralização da produção. O que ocorre é a existência de um *trade-off** de custo total, em que o custo das cadeias de suprimentos mais longas pode ser maior que a economia de custo na produção, conforme se visualiza na figura a seguir.

» Figura 5.1 – *Trade-offs* em logística global

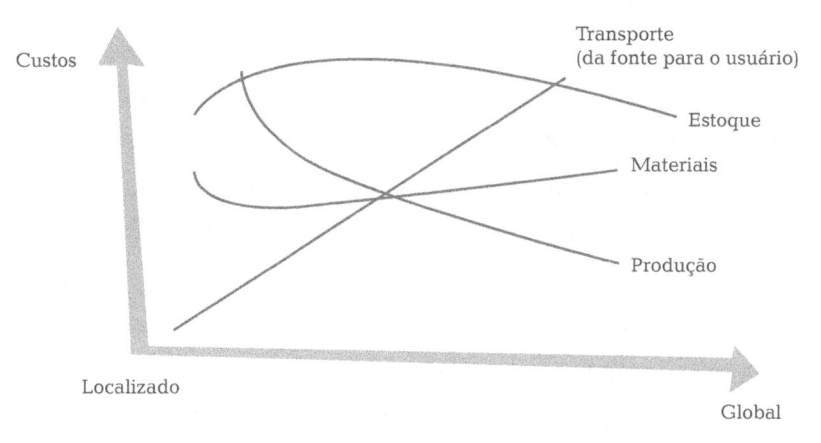

```
Custos ▲
        │      ╱‾‾‾‾‾‾‾‾‾‾‾‾  Transporte
        │     ╱               (da fonte para o usuário)
        │    ╱╲
        │   ╱  ╲───────────   Estoque
        │  ╱ ╳ 
        │ ╱ ╱ ╲───────────    Materiais
        │╱ ╱   ╲
        │ ╱     ╲──────────   Produção
        │╱
        └──────────────────▶
     Localizado           Global
```

Fonte: Christopher, 1997, p. 116.

A figura permite a você perceber que, quando se adotam operações globais, os custos de produção e de estoques tendem a cair, enquanto os custos de materiais (leia-se matéria-prima e insumos) se elevam. Porém, o mais significativo é o incremento nos custos de transporte, exatamente porque as distâncias a serem percorridas são, muitas vezes, intercontinentais. Exatamente por isso é que temos a existência de um

* *Trade-off* pode ser entendido como a **compensação** de custos, em que o acréscimo de custos em um determinado item pode ser minimizado ou diluído nos custos totais, gerando ganhos ao sistema como um todo ou vice-versa.

trade-off significativo a ser considerado nas decisões relacionadas com as práticas logísticas globais.

Ou seja, os potenciais de *trade-off* de custos devem ser considerados no estabelecimento do limite até onde uma estratégia logística global se justifica pelo seu custo. Estratégias operacionais baseadas apenas no custo tendem a fracassar em horizontes de tempo mais longos.

Atualmente, novas pressões estão alterando as definições de mercado e as estruturas utilizadas pelas empresas, as quais contam com a duplicidade de estoques, a incompatibilidade das infraestruturas logísticas e a limitada capacidade de reação individual às mudanças gerais na cadeia de suprimentos. As novas exigências e as definições de mercado são significativamente diferentes daquelas que definiam as antigas atividades relacionadas ao fluxo físico de materiais. Destacamos aqui que as ferramentas conceituais e gerenciais agora aplicadas à gestão da distribuição física fornecem soluções interessantes. Essas ferramentas refletem uma nova visão de logística e operações globais, sendo três as forças principais que estão na raiz dessa evolução. Conforme Dornier et al. (2000, p. 38), essas forças podem ser explicitadas de três maneiras, conforme você pode conferir na sequência:

» Pela integração de funções internas ao longo das organizações, incluindo-se a gestão da distribuição física, *marketing*, produção etc.

» Pela cooperação crescente entre as áreas de logística e operações de diferentes elos na cadeia de suprimentos (integração setorial).

» Pela busca por melhorias na integração geográfica, que vai além das tradicionais áreas de atividade econômica, abrangendo o mundo inteiro como fonte potencial de clientes, conhecimento, tecnologia, matérias-primas etc.

Como você pode perceber, uma visão global claramente abrange mais que apenas limites geográficos. Portanto a "aldeia global", de McLuhan (1967), é muito mais global do que ele sequer sonhou, não é verdade?

Perceba que, assim, as novas exigências organizacionais para empresas que atuam globalmente, e mesmo para aquelas atuando apenas regionalmente, passam pelo reconhecimento de que pensar em termos da gestão logística e das operações permite identificar mais facilmente conflitos ou gargalos na implementação das ideias. Hoje, mais do que nunca, gerentes dessas áreas buscam ferramentas gerenciais que promovam melhor interface entre manufatura e *marketing* tradicionais e logística.

A P&D e o projeto de novos produtos, a retirada de produtos do mercado, o lançamento de campanhas promocionais e a definição de políticas de pós-vendas e a definição de níveis de desempenho em serviços são apenas algumas das potenciais áreas de cooperação entre logística e outras áreas funcionais dentro das organizações.

Portanto, dado o considerável potencial de evolução e o significativo impacto que gerentes de logística e de operações têm dentro das organizações, estes são críticos para o sucesso de uma empresa na penetração de novos mercados, na obtenção de maiores níveis de serviço, e assim por diante, em todo o globo. Como consequência, a gestão de logística e operações deve ser considerada e implementada em um novo contexto global, atentas às novas exigências que se fazem das organizações.

>>> Para saber mais

GSC – Global Sourcing Council. Disponível em: <http://gscouncil.org/>. Acesso em: 20 jan. 2011.

Indicamos o sítio do Conselho de *Global Sourcing*, que é uma entidade sem fins lucrativos, sediada nos Estados Unidos, e que tem a finalidade de reunir empresas de todos os setores que atuam no mercado global.

>>> Conceitos importantes

Para podermos continuar esse assunto sem problemas, é necessário que revisitemos algumas definições importantes. Tais definições ou conceitos servem para unificar e balizar a compreensão da gestão global de suprimentos e produção, permitindo entender o papel do *global sourcing* para as organizações.

Operações

Operações? Sim, nesse caso, entenda-as como qualquer processo físico que aceita entradas e usa recursos para transformar essas entradas em saídas de valor agregado, conforme você pode visualizar na figura que segue.

» Figura 5.2 – Representação gráfica das operações

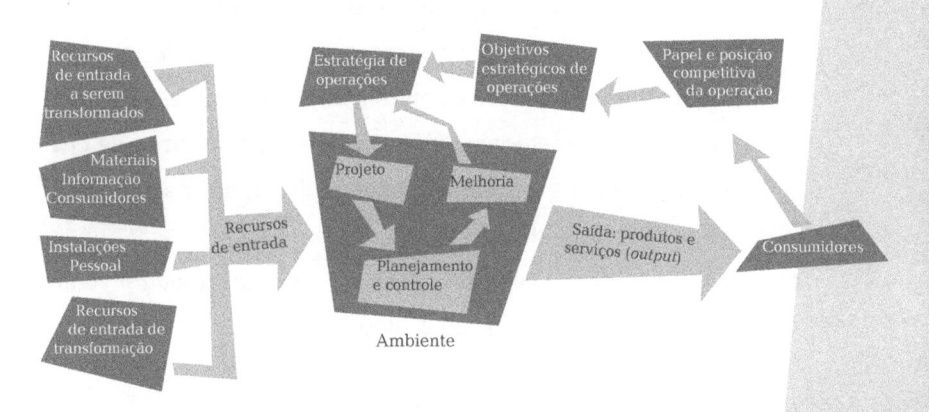

[Diagrama: Recursos de entrada a serem transformados (Materiais, Informação, Consumidores) e Recursos de entrada de transformação (Instalações, Pessoal) → Recursos de entrada → Projeto, Planejamento e controle, Melhoria → Saída: produtos e serviços (*output*) → Consumidores. Estratégia de operações ← Objetivos estratégicos de operações ← Papel e posição competitiva da operação. Ambiente.]

Fonte: Adaptado de Slack; Chambers; Johnston, 2000, p. 29.

É interessante observarmos a não utilização da expressão *produção*, sendo mais adequada a utilização do termo *operações*, uma vez que *produção* remete diretamente aos processos de transformação, enquanto *operações* é mais abrangente e inclui todos os processos, inclusive serviços, que agregam valor aos *inputs*. Doravante, utilizamos as expressões *produção* ou *operação* indistintamente, para indicar esse processo de agregação de valor aos *inputs* das organizações.

Segundo Slack, Chambers e Johnston (2000), por produzir bens e serviços, que são a razão de ser das organizações, a função produção é de fundamental importância, embora não seja a única nem a mais significativa, necessariamente. Na prática, cada organização adota a estrutura organizacional que for mais conveniente aos seus objetivos. Aqui, vamos nos ater às funções logísticas e de operações.

De forma mais específica, sob uma abordagem logística, podemos definir operações como um processo de planejamento, implementação e controle de fluxos físicos, efetivos e eficientes, de materiais e de informações, em termos de custos, do ponto de origem ao ponto de consumo, visando atender às necessidades dos clientes.

Além disso, compreendemos *operações globais* como Dornier *et al.* (2000, p. 29) as descrevem:

> *o processo de planejamento,*
> *implantação e controle*
> *do fluxo e estocagem de*
> *matérias-primas, estoque em*
> *processo, produtos acabados*
> *e informações relacionadas*
> *a eles, do ponto de origem*
> *ao ponto de consumo, para*
> *propósitos de satisfação*
> *das necessidades do cliente*

global e, ao mesmo tempo, com uso eficiente dos recursos globais da empresa.

O conceito de Dornier *et al.* (2000) é uma derivação do próprio conceito de logística, conforme será visto na sequência, sendo de fundamental importância para o entendimento das operações globais de manufatura e suprimentos.

Logística

Você deve saber que existem várias definições para a logística, e seu conceito evoluiu ao longo do tempo, em virtude das mutações do ambiente em que as operações logísticas ocorrem. Para Dornier *et al.* (2000), "logística é a gestão de fluxos entre funções de negócio". No entanto, entendemos ser esta uma visão muito limitadora das funções da logística, pois, originando-se da função de suprir tropas em campanhas militares, a logística atualmente se expandiu e, com isso, passou a incluir ações sobre todas as formas de movimentação de produtos, informações e recursos financeiros.

Com a evolução da humanidade, e suas necessidades e/ou desejos a serem satisfeitos, surge um desafio às empresas: disponibilizar seus produtos, ao menor custo possível, no tempo e no local adequados, de forma que seus clientes possam consumir os produtos, satisfazendo, assim, às suas necessidades e/ou aos seus desejos.

Atualmente, com a economia cada vez mais globalizada e altamente competitiva, as empresas têm enfrentado descontinuidades (*trade-off*) e expectativas, muitas vezes conflitantes (fornecedores, clientes, acionistas), que exigem uma gestão organizacional muito mais eficiente e eficaz do que no passado. Trata-se de buscar mudanças na gestão organizacional de forma que as instituições estejam preparadas para enfrentar tais descontinuidades e expectativas de forma rápida, flexível e que proporcione ganhos a todos os envolvidos.

Essas mudanças exigem novos enfoques e novas formas de se administrar. Observe o quadro a seguir:

>> Quadro 5.1 – **Mudanças de paradigmas**

Paradigma atual		Paradigma proposto	
1	Funções	1	Processos
2	Lucro	2	Lucratividade
3	Produtos	3	Clientes
4	Transações	4	Relacionamentos
5	Estoques	5	Informações

Fonte: Christopher, 1997, p. 220.

Segundo Christopher (1997), é fundamental que ocorra uma mudança dos paradigmas que, por longo tempo, definiram os padrões da organização industrial. Na concepção desse autor, existem cinco áreas em que a mudança de paradigmas é necessária, conforme vimos no Quadro 5.1.

Como podemos perceber, trata-se de mudanças complexas e difíceis, que certamente exigem muito mais habilidade e rapidez nos processos decisórios, e tudo isso em cenários cada vez mais complexos e competitivos. Tal mudança de paradigmas implica uma profunda mudança cultural nas organizações, exigindo uma visão cada vez mais holística e que as conduzirá a mudanças gerenciais que demandam novas habilidades dos gerentes. Observe o Quadro 5.2 a seguir:

» Quadro 5.2 – **Perfil de habilidades para o gerente de logística**

Mudança de paradigma	Conduz a	Habilidades necessárias
de funções para processos.	gerenciamento integral do fluxo de materiais e mercadorias.	compreensão das oportunidades de *trade-off* entre as áreas funcionais.
de lucro para lucratividade.	enfoque no gerenciamento de recursos e utilização de ativos (aumento do giro).	técnicas de contabilidade e de controle financeiro.

(continua)

(Quadro 5.2 – conclusão)

Mudança de paradigma	Conduz a	Habilidades necessárias
de produtos para clientes.	enfoque nos mercados e no serviço ao cliente.	habilidade de definir, medir e gerenciar as necessidades de serviço por segmento de mercado.
de transações para relacionamentos.	parcerias de coprodução e cotransporte.	técnicas de gerenciamento de redes e de otimização. Ex.: JIT
de estoque para informação.	sistemas de reabastecimento com base na demanda e de resposta rápida.	familiaridade com sistemas de informações e com a tecnologia da informação.

Fonte: Christopher, 1997, p. 222.

Nesse cenário de competição globalizada, em que cada profissional precisa estar cada vez mais preparado, é de fundamental importância que o gerente de logística desenvolva essas novas habilidades para não ser ultrapassado por concorrentes agressivos e mais bem preparados.

Essa abordagem da necessidade de mudanças de paradigmas implica profundas mudanças culturais que acompanharam a evolução histórica dos conceitos da logística.

Segundo Ballou (1993, p. 24), a logística

> *trata de todas as atividades de movimentação e armazenagem, que facilitam o fluxo*

de produtos desde o ponto de aquisição da matéria-prima até o ponto de consumo final, assim como dos fluxos de informação que colocam os produtos em movimento, com o propósito de providenciar níveis de serviço adequados aos clientes, a um custo razoável.

Já para Christopher (1997, p. 2),

a logística é o processo de gerenciar estrategicamente a aquisição, movimentação e armazenagem de materiais, peças e produtos acabados (e os fluxos de informações correlatas) através da organização e seus canais de marketing, de modo a poder maximizar as lucratividades presente e futura através do atendimento dos pedidos a baixo custo.

Adotaremos aqui o conceito do Council of Supply Chain Management Professionals* (CSCMP, 2010), o qual define *logística* como:

> *A parte do processo da cadeia de suprimentos que planeja, implementa e controla o fluxo e armazenamento, à jusante** e reverso, eficientes e eficazes dos bens e serviços, bem como as informações relacionadas, desde o ponto de origem até o ponto de consumo, com o propósito de atender às exigências dos clientes.*

Como podemos perceber, todos os conceitos abrangem as operações, desde os fornecedores até os clientes finais, com o objetivo de satisfazer às necessidades e/ou exigências do sistema operacional. Além disso, com tais conceitos podemos perceber a importância dos fluxos e do nível de serviço ao cliente, que devem ser geridos pela logística, como eficiência e eficácia.

---

* Conselho Mundial de Profissionais Gestores de Cadeias de Suprimentos.

** Jusante: sentido em que vaza a maré ou que um curso d'água flui desde sua nascente.

Fluxos logísticos

Trata-se de conceito da mais fundamental importância para a compreensão do papel da logística nas operações globais. Por fluxos logísticos, devemos entender o movimento ou o trânsito de matérias-primas, produtos em processo (WIPs*), produtos acabados, informações e recursos financeiros ao longo da cadeia logística, do ponto de origem ao ponto de consumo ou de destinação final de resíduos, conforme você pode visualizar na Figura 5.3, a seguir.

>> Figura 5.3 – Fluxos logísticos (as setas indicam a direção dos fluxos)

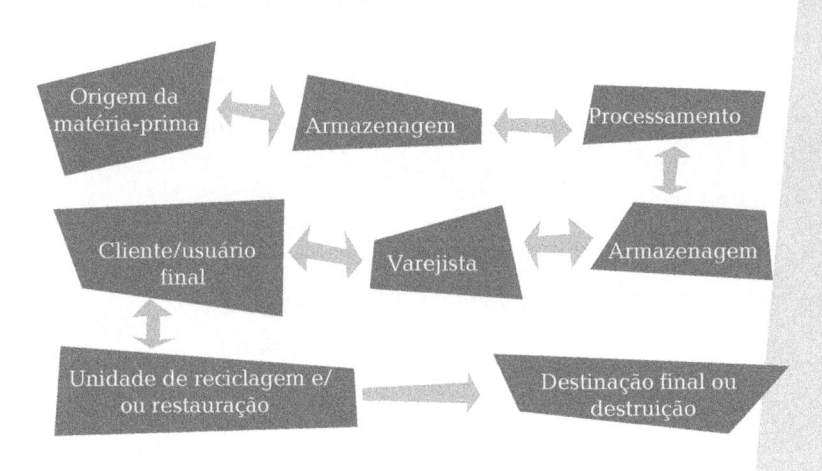

[Fluxograma: Origem da matéria-prima ↔ Armazenagem ↔ Processamento ↕ Armazenagem ↔ Varejista ↔ Cliente/usuário final ↕ Unidade de reciclagem e/ou restauração → Destinação final ou destruição]

* Work in Progress ou Work in Process. Trata-se do material retirado de um armazém e que está dentro de uma fábrica, esperando para ser processado ou sofrendo um processamento. Corresponde à armazenagem local por tempos de espera (demora) curtos mais o material que está nas máquinas. Deve ser reduzido ao mínimo, a não ser que seja necessário estoque após um gargalo, para evitar a parada de todo o processo no caso de interrupções não programadas. Estoque em processo.

Para podermos atender à demanda dos mercados em que atuam, as organizações necessitam estruturar os produtos/serviços que oferecem de acordo com alguns ou todos os fluxos físicos a seguir:

> *Matérias-primas do ponto de estocagem do fornecedor original até o ponto de entrega para o cliente/usuário final.*
>
> *Produtos em processo (WIP) vindos de unidades de manufatura próprias ou de fábricas ou armazéns de fornecedores.*
>
> *Ferramentas ou máquinas de uma unidade de manufatura para outra.*
>
> *Produtos acabados entre plantas, armazéns próprios, armazéns dos clientes ou armazéns de operadores logísticos.*
>
> *Itens de manutenção, consumo e peças de reposição (MRO) de armazéns para*

os veículos de técnicos de reparos ou para as unidades dos clientes em que os equipamentos estejam instalados.

Produtos e peças a serem reparados da unidade do cliente para o local de reparo/recuperação.

Equipamentos de suporte de vendas (como estandes e displays, *quadros de propaganda, literaturas e outros) das empresas para os membros do canal de* marketing, apropriados.

Embalagens vazias retornadas dos pontos de entrega para o ponto de carregamento (fluxo reverso).

Produtos vendidos ou componentes devolvidos dos pontos de entrega para o ponto inicial de armazenagem ou manufatura (fluxo reverso).

> *Produtos usados/consumidos a serem reciclados, recauchutados, reutilizados ou postos à disposição do ponto de utilização/consumo até o ponto de reintrodução na cadeia produtiva, de destinação final ou destruição.* (Dornier et al., 2000, p. 40)

Essa quantidade de fluxos, que são a base para as atividades de operações e logística, tem sido considerada de maior relevância atualmente. Tais fluxos abrangem áreas geográficas maiores que antes e incluem novos tipos de fluxos, como a logística reversa (para reciclagem, por exemplo).

Na Figura 5.4 encontramos as principais famílias de fluxos de operações/logística. São dois os critérios principais que caracterizam essas famílias de fluxos: a direção do fluxo e as relações de fluxo envolvidas.

» Figura 5.4 – Fluxos de operações/logística

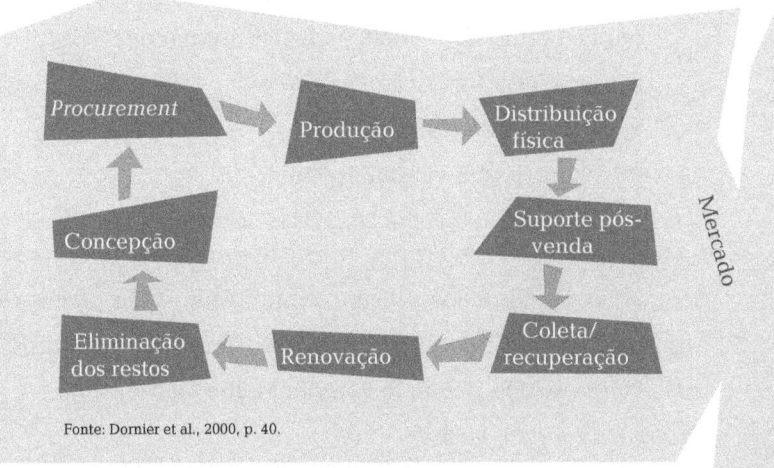

```
Procurement  →  Produção  →  Distribuição física
     ↑                              ↓
Concepção                    Suporte pós-venda
     ↑                              ↓
Eliminação  ←  Renovação  ←  Coleta/
dos restos                    recuperação
```

Mercado

Fonte: Dornier et al., 2000, p. 40.

Podemos perceber que tudo se inicia na concepção dos produtos, passando pelo processo de busca (*procurement*) e desenvolvimento de fornecedores, pela produção e distribuição de tais produtos ao mercado, pelo suporte posterior à etapa de vendas e pelos processos da chamada *logística reversa*: coleta/recuperação, renovação e eliminação dos restos. A partir disso, o ciclo se reinicia contando com as informações obtidas ao longo de todas as etapas do processo logístico.

Supply Chain Management (SCM)

O SCM, ou administração da cadeia de suprimentos, é uma abordagem extremamente atual da logística, em que se visualiza a cadeia produtiva como um todo, entendendo-se a necessidade do gerenciamento logístico em toda a cadeia produtiva, e não mais apenas em uma parte da cadeia.

Essa abordagem tem um conceito ainda confuso para a maioria das pessoas ou empresas, inclusive na sua tradução para o português. Porém, podemos afirmar que SCM:

» envolve a logística;
» é suportado pela logística;
» é uma postura organizacional;
» é uma metodologia com visão sistêmica.

Na prática, a logística é sempre voltada aos processos de uma só empresa e seus prestadores de serviços logísticos. Em contrapartida, segundo Razzolini Filho (2006, p. 32),

> *o SCM envolve o conjunto de processos e organizações desde a fonte de matéria--prima até o cliente final. Essa nova forma de gerenciamento busca organizar a produção com base na demanda estimada (com a maior exatidão possível), integrando as duas pontas da cadeia (fornecedores e clientes).*

É uma nova forma de administrar para evitar desperdícios, reduzir custos, oferecendo um melhor serviço ao consumidor, e uma nova forma de visão administrativa, que significa conjugar "todos os esforços inter e intraorganizacionais no sentido de atender às necessidades e/ou desejos do cliente final" (Razzolini Filho, 2006, p. 32).

Com base nisso, podemos relacionar três objetivos principais do SCM, ainda segundo o mesmo autor. Veja quais são eles:

» Redução de custos – pela melhor gerência da cadeia logística como um todo, buscando-se conseguir redução de custos pela eliminação de atividades desnecessárias e evitando desperdícios.

» Agregar valor – pela maior qualidade resultante nos processos logísticos ou pela disponibilização mais rápida do produto a estes (no lugar e na hora certos).

» Vantagem estratégica – com uma visão integrada da cadeia produtiva, é possível obter importantes diferenciais competitivos, através de estratégias de redução de custos ou estratégias de diferenciação (por exemplo, com maior nível de serviço logístico).

Conforme Razzolini Filho (2006, p. 32), o SCM exige que a cadeia produtiva seja simplificada e otimizada pela utilização de algumas táticas que são essenciais para melhorar os processos logísticos, entre as quais estão:

» redução do número de fornecedores;
» integração de informações com fornecedores, clientes e operadores logísticos;

» utilização de representantes permanentes para atender os principais clientes;
» desenvolvimento conjunto de novos produtos;
» integração das estratégias competitivas dentro da cadeia produtiva;
» desenvolvimento conjunto de competências e capacidades na cadeia produtiva;
» *outsourcing* (conceito de terceirização – "fazer fora");
» *follow sourcing* (acompanhamento das atividades de suprimentos);
» operadores logísticos.

Como exemplo das práticas de *global sourcing*, complementadas com as de *outsourcing* e *follow sourcing*, podemos citar os chamados *carros mundiais*, produzidos pelas indústrias automobilísticas, pois estas conseguem operar com ganhos de escala, uma vez que utilizam recursos oriundos de vários pontos do globo envolvidos no projeto e na manufatura dos veículos.

Assim, SCM pode ser definido como:

> *a administração sinérgica*
> *dos canais de suprimentos*
> *de todos os participantes da*
> *cadeia de valor, através da*
> *integração de seus processos*

de negócios, visando sempre agregar valor ao produto final, em cada elo da cadeia, gerando vantagens competitivas sustentáveis ao longo do tempo". (Razzolini Filho, 2006, p. 33)

Assim, vejamos que se trata de uma abordagem que, para ser implementada com êxito, exigirá cada vez mais uma profunda mudança cultural por parte das organizações.

Por meio do esclarecimento desses quatro conceitos essenciais, podemos continuar nosso estudo analisando alguns princípios básicos para operações globais. Vamos a eles?

⟫ Princípios básicos de operações globais

A lógica central de atuação de uma organização global é clara. Segundo Dornier et al. (2000), ela tenta ampliar negócios através da expansão de seus mercados, buscando, ao mesmo tempo, redução de custos mediante economias de escala, tanto nos processos de aquisição (suprimentos) quanto nos processos produtivos (logística de produção), e concentração de operações de fabricação e/ou montagem para atender não mais mercados regionalizados, mas, sim, mercados globalizados.

Segundo Christopher (1997, p. 116),

> *a tendência para a organização global da fabricação e do* marketing *está realçando o fato de que seu gerenciamento destaca a organização da logística e da cadeia de suprimentos como fatores críticos de sucesso. A complexidade da tarefa logística parece estar crescendo exponencialmente, influenciada por fatores, como a variedade crescente de produtos e seus ciclos de vida mais curtos, crescimento do mercado e o número de canais de suprimento/mercados.*

Inicialmente, é necessário entendermos o que é uma organização global e diferenciá-la de uma organização internacional ou multinacional. Uma organização verdadeiramente global é muito mais do que simplesmente aquela que vende (exporta) seus produtos para diferentes partes do mundo.

Ela deve estar capacitada a obter seus materiais e componentes em mais de um país, ao mesmo tempo em que conta com várias unidades de fabricação ou montagem espalhadas geograficamente e, como consequência, comercializa seus produtos em escala mundial.

Diante desse quadro, a gestão de operações e logística tem de estar adaptada a um ambiente altamente competitivo e a uma visão estratégica. O sistema logístico, formado por todos os elementos da cadeia de suprimentos global, sofre pressões para realizar a integração de suas atividades como forma de garantir competitividade. Dependendo de como essas pressões ambientais atingem as organizações envolvidas, essa integração assume diferentes configurações. Além disso, a própria estratégia competitiva da cadeia de valor como um todo também será fator determinante para tal integração de atividades.

Assim, segundo Dornier *et al.* (2000, p. 53), diante da necessidade de integração que se exige de todos os elos da cadeia de valor, ela pode ser efetuada sob três aspectos essenciais, de acordo com uma ótica global: a integração geográfica, a integração funcional e, por fim, a integração setorial, conforme você pode visualizar na figura a seguir.

>> Figura 5.5 – Os princípios básicos das operações globais

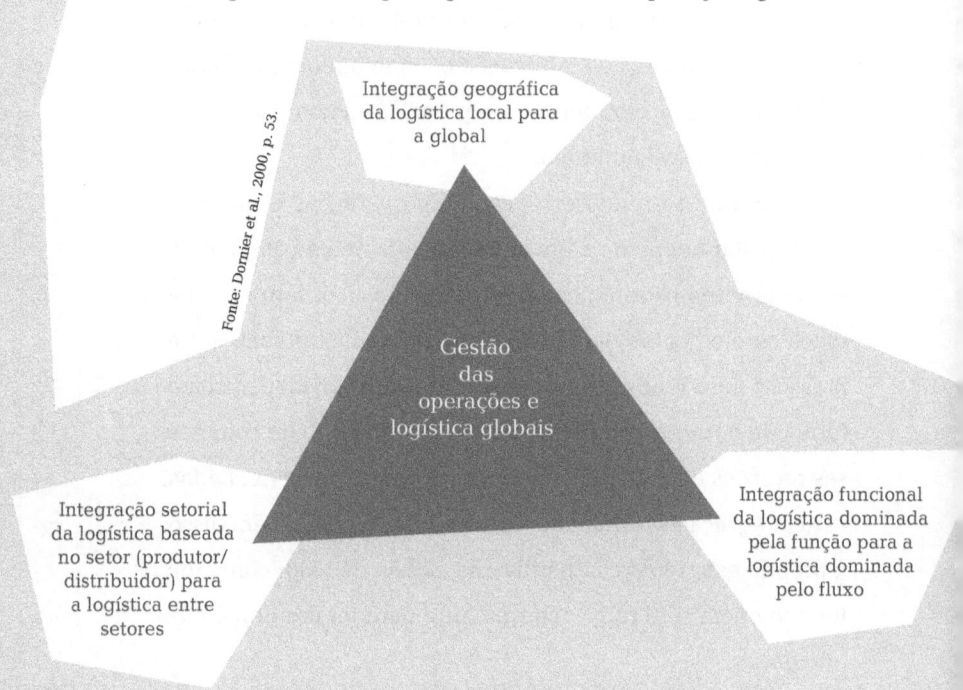

Fonte: Dornier et al., 2000, p. 53.

Integração geográfica da logística local para a global

Gestão das operações e logística globais

Integração setorial da logística baseada no setor (produtor/distribuidor) para a logística entre setores

Integração funcional da logística dominada pela função para a logística dominada pelo fluxo

Isso nos remete ao fato de que o gerenciamento de operações e dos processos logísticos em ambientes globais implica um forte sistema que integra a organização em diversos aspectos.

Sem dúvida, trata-se de uma forma completamente nova, e até mesmo radical, de visualizar as operações das organizações que pretendam ser globais, pois, sem realizar alguma forma de integração (em maior ou menor grau), não será possível competir. Isso se dá porque, atualmente, a competição não se baseia mais em organizações isoladas (autônomas), mas em cadeias de valor. Essa visão sugere que, quando as organizações trabalham isoladamente, independentemente de seus clientes e fornecedores, acabam por desenvolver ineficiências nas interfaces (na logística de suprimentos e na logística de distribuição física, por exemplo).

Na opinião de Christopher (1999, p. 38), a necessidade de coordenação (integração) "entre os participantes da cadeia de abastecimento tem aumentado conforme a 'organização em rede' vai se tornando mais comum". Para ele, essa organização em rede (integrada) está se tornando cada vez mais comum, compreendendo um complexo inter-relacionamento, de modo a interligar os membros da cadeia de valor, pois cada integrante agrega valor em virtude de sua especialização, e isso, em determinadas atividades, pode ser apresentado ao mercado como vantagem diferencial competitiva.

Vamos, na continuação, analisar cada um dos três processos de integração preconizados por Dornier *et al.* (2000, p. 55).

Integração geográfica

Esse tipo de integração está relacionado ao fato da perda de importância das fronteiras geográficas tradicionais. À medida que o mundo se globaliza, são as organizações empresariais que crescem em importância, pois passam a atuar de forma autônoma e independente, podendo realizar ações que nenhum governo poderia fazer, justamente em virtude das fronteiras geográficas.

As organizações vislumbram suas instalações espalhadas em diferentes pontos do globo "como uma única entidade". Assim, as operações e a logística dessas organizações devem ser projetadas com uma visão que vai além de considerações meramente nacionais. Isso é fundamental para que se possam implementar soluções de compras globais, instalações fabris em diferentes continentes e, principalmente, venda em mercados diferentes e espalhados por todo o globo.

Para tanto, basta imaginarmos que a própria integração geográfica de mercados já é uma realidade com a existência de blocos de países, como:

» União Europeia (UE);
» Mercado Comum do Sul (Mercosul);
» Acordo de Livre Comércio na América do Norte (Nafta);
» Cooperação Econômica da Ásia e Pacífico (Apec);
» Acordo entre Austrália, Nova Zelândia, Japão, Hong Kong, Coreia do Sul, Nova Guiné e Estados Unidos (Seato*).

Essas mudanças, a partir da eliminação/unificação de procedimentos tributários e de exigências alfandegárias, exigem das empresas uma redefinição de suas estruturas em termos de fluxo físico dentro dessas áreas de comércio.

As práticas tradicionais de criação de filiais ou subsidiárias de vendas em cada país, com sistemas de suporte logístico e de produção voltados à realidade de cada um, já não funcionam mais com a mesma efetividade de antes.

* Do inglês The Southeast Asia Treaty Organization.

O que possibilita essa integração geográfica é a existência de um conjunto de fatores relevantes. Veja a seguir quais são eles:

» A tecnologia da informação – as tecnologias de processamento e de comunicação de dados permitem transferências em tempo real para, praticamente, qualquer ponto do globo terrestre. Esse fator mudou radicalmente a gestão do fluxo de informações, responsável pelo processamento de pedidos.

» Novos sistemas de transporte – ao redor do mundo, surgem empresas que oferecem excelentes serviços de entregas expressas (UPS, DHL, TNT, Fedex etc.), com infraestrutura logística (aviões, processos de coleta, sistemas de rastreamento e entrega) que possibilita enviar produtos para destinos longínquos e a baixo custo, comparada ao custo de manutenção de estoques.

» Recursos humanos – existe, atualmente, uma maior capacitação dos recursos humanos, em termos mundiais, e, principalmente, um contingente de pessoas habilitadas a atuar em qualquer parte do mundo como se estivessem em seu próprio país. São pessoas também globalizadas que dominam dois ou três idiomas, estão preparadas para trabalhar em equipe, enfrentar novos desafios; são indivíduos participativos e colaborativos, que enxergam o mundo sem fronteiras.

Integração funcional

Não podemos nos esquecer de que as organizações são estruturadas por áreas funcionais – como engenharia, produção, finanças, *marketing*, logística, recursos humanos etc.–, porém, a operacionalização dessas funções ocorre de maneira processual (por meio de processos devidamente organizados). Dos processos decorrem fluxos que perpassam a organização como um todo – são fluxos que, como as veias do corpo humano, transportam informações, materiais e dinheiro. Assim, é necessário integrar tais fluxos para que o processo logístico ocorra naturalmente, da mesma forma como o sangue flui normalmente pelo organismo humano, certo?

Já há algum tempo que se tem conhecimento de três fluxos essenciais, básicos, no processo logístico e que precisam ser bem compreendidos para que possam ser administrados corretamente. Podemos resumir esses fluxos da seguinte maneira:

1) Fluxo físico – responsável pela movimentação de materiais e produtos ao longo da cadeia de valor.
2) Fluxo de informações – responsável pelo início do processo logístico, por colocar em movimentação a cadeia logística.
3) Fluxo financeiro – responsável pela remuneração dos recursos utilizados na cadeia logística.

A integração desses fluxos e sua compreensão mais ampla permitem às organizações a compreensão de que não basta a coordenação dos fluxos físicos relacionados à produção, à distribuição física ou aos serviços de pós-venda. Cada vez mais as responsabilidades logísticas se expandem e incluem funções da área de *marketing* e P&D, tanto no projeto quanto na gestão desses fluxos, uma vez que essa integração funcional permite ganhos significativos na gestão dos fluxos físicos e na sua integração com os demais fluxos.

Veja que, dessa forma, é preciso que as áreas funcionais de produção, *marketing* e logística atuem em perfeita sintonia, para que os processos logísticos que visam dar suporte ao atendimento dos clientes ocorram da melhor maneira possível (com níveis de serviço elevados e os menores custos totais possíveis).

Um exemplo dessa integração funcional que podemos mencionar é o da fabricante de aviões da Empresa Brasileira de Aeronáutica S.A. (Embraer), que mantém suas equipes de P&D atuando conjuntamente, embora separadas fisicamente (no Brasil, na Itália e nos EUA). O projeto dos aviões é desenvolvido virtualmente e com a participação de todos os envolvidos. Além disso, cada área poderá antever eventuais dificuldades e, com isso, antecipar soluções que implicariam custos significativos caso essa integração funcional não existisse.

Integração setorial

Usualmente, nas cadeias logísticas tradicionais, cada elo da cadeia (fornecedores, fabricantes, distribuidores e clientes) atua de forma a otimizar seus próprios sistemas logísticos. Assim, mesmo que sem a intenção, acaba por criar dificuldades e/ou ineficiências aos demais elementos da cadeia, gerando, como consequência, adição de custos ao sistema logístico total. Diante dessa constatação, as organizações ditas de *classe mundial* em logística começaram a adotar os conceitos do SCM, de forma a estender seu campo de visão para fora da organização e, assim, trabalhar cooperativamente com todos os demais membros da cadeia, de forma a otimizar o sistema logístico como um todo. Essa integração da cadeia logística além das fronteiras da organização é o que estamos chamando aqui de *integração setorial*.

Atualmente, já existem algumas importantes, e interessantes, tentativas de efetuar essa integração setorial, entre as quais destacamos:

» A adoção de ferramentas de resposta eficiente ao consumidor *Efficient Consumer Response**[*] (ECR), em que o fabricante se encarrega de suprir os estoques do varejista de forma automática, a partir de interligação por meio da utilização dos recursos da TI.

» A utilização das ferramentas da administração *Vendor Management Inventory*[**] (VMI), em que o fabricante ge-

[*] Em português, "resposta eficiente ao consumidor".

[**] Em português, "stock gerido pelo fornecedor".

rencia os estoques do distribuidor/atacadista, da mesma forma que ocorre no ECR.

» O intercâmbio eletrônico de dados (EDI), que permite a troca de informações entre os membros da cadeia logística, garantindo agilidade e rapidez de respostas fundamentais para a competitividade.

Dessa forma, através da integração entre os membros do canal, passa a existir uma centralização de "foco" naquilo que realmente importa: o cliente.

Na prática, a integração setorial busca garantir que o fabricante/produtor não enxergue os membros do canal de *marketing* (distribuidores/atacadistas/varejistas) como seu ponto final, mas sim como elementos importantes pelos quais seu(s) produto(s) chega(m) ao consumidor final. Assim, é do interesse conjunto, de todos os membros do canal, que exista cooperação para que o cliente/usuário final fique satisfeito. Entre outros, podemos relacionar os seguintes resultados como fruto da integração setorial:

» Otimização dos fluxos logísticos (físico, informacional e financeiro).

» Maior eficiência no lançamento de novos produtos (pela maior proximidade com os clientes/usuários finais).

» Uma maior adequação do portfólio de produtos da empresa às necessidades do mercado (também como fruto da maior proximidade com os clientes/usuários finais).

» Coordenação mais eficaz dos canais de *marketing*, sobretudo em termos de negociações e promoções.

Destacamos que, nesse novo cenário de globalização e competitividade, cada vez mais três elementos-chave precisam ser combinados para se atingir o sucesso mercadológico:

» oferecer vantagens para o cliente/usuário final;
» oferecer vantagens para o intermediário (os membros do canal de *marketing*);
» possuir uma eficiente cadeia de abastecimento.

Você pode visualizar esses elementos na Figura 5.6 a seguir, em que se relacionam as principais vantagens a serem oferecidas para o cliente/usuário final, para os intermediários ao longo da cadeia de distribuição e para a eficiência da cadeia de abastecimento.

» Figura 5.6 – As fontes de vantagem de *marketing*

Vantagem para o usuário/cliente final
» valor da marca
» imagem da organização voltada para benefícios

Vantagem de *marketing*

Vantagem para o intermediário
» custo de propriedade
» relacionamento de valor agregado
» enfoque na qualidade do serviço

Eficiente cadeia de abastecimento
» rede de gerenciamento
» resposta rápida
» fornecedor de baixo custo

Fonte: Christopher, 1999, p. 33.

São os três tipos de integração (geográfica, funcional e setorial) que você acabou de ver que, aliados às fontes de vantagem em *marketing*, direcionam uma nova visão global de operações e logística, que discutiremos no próximo tópico.

❱❱ Uma nova visão da logística

Até aqui abordamos alguns pontos que estão fazendo com que as organizações adotem uma nova ótica, uma nova abordagem para compreender os desafios e as oportunidades de uma economia globalizada. Sem dúvida, como já demonstrado, os fluxos globais são uma realidade, uma vez que a economia globalizada é uma realidade irreversível. Cada dia mais, empresas estão expandindo suas operações a níveis mundiais e/ou se preparando para competir com organizações globalizadas, como o caso da Companhia de Bebidas das Américas (Ambev), no Brasil, que objetivou barrar o avanço das cervejarias globalizadas para, num segundo estágio, passar a atuar globalmente também.

Para compreendermos essa questão, é necessária uma visão mais abrangente, em que as empresas respondam aos desafios que se impõem em todos os mercados mundiais. Segundo Dornier *et al.* (2000, p. 55), algumas questões-chave precisam ser respondidas pelas organizações que pretendem ser, realmente, globais. São elas:

» Quais as forças que modelam a economia globalizada?
» Quais as consequências da globalização para a organização?
» Como a organização pode tirar vantagem desse processo dinâmico?

A primeira conclusão a ser obtida é que todos os fatores ambientais, nessa visão globalizada, são externos às organizações. Ou as organizações reagem com rapidez e flexibilidade às mudanças ou serão marginalizadas na concorrência pelos mercados. Algumas consequências dessas mudanças podem ser relacionadas, como podemos evidenciar nos itens a seguir:

» o nível de serviço passa a ser mais importante que as economias de custo;

» os clientes, em função de melhor nível de informações e conhecimento, estão se sofisticando, o que conduz a maiores exigências de serviços;

» os ciclos de vida dos produtos são cada vez mais comprimidos (mais curtos);

» as previsões de vendas são cada vez menos confiáveis (os clientes mudam de opinião a respeito dos produtos facilmente);

» os custos de materiais e financeiros também são crescentes;

» o modelo de concorrência não é mais baseado em produtividade, mas em competitividade;

» o enfoque competitivo passa a ser na agilidade e na flexibilidade dos sistemas logísticos;

» a tecnologia da informação proporciona maior flexibilidade e rapidez de resposta;

» existe uma preocupação clara com a ecologia (exigindo sistemas de logística reversa).

»> Para saber mais

NOVAES, A. G. **Logística e gerenciamento da cadeia de distribuição**: estratégia, operação e avaliação. Rio de Janeiro: Campus, 2001.

Indicamos esse livro para leitura e solicitamos especial atenção no capítulo 11, "Produção e distribuição de produtos na economia globalizada", no qual o professor Novaes demonstra como as empresas precisam utilizar as diversas formas de flexibilização logística de maneira inteligente, esclarecendo como responder eficazmente às pressões da concorrência e ficando mais próximo dos mercados por meio de sistemas de distribuição eficazes.

Assim, operações e logística passam a ser vistas como fornecedoras de serviços que devem ser incorporados na definição dos objetivos gerais das organizações. Um segundo aspecto que você deve observar é o fato de que operações e logística evoluíram da simples movimentação de produtos ao longo da cadeia de abastecimento para fornecedoras de informações para fins de planejamento e administração.

Por fim, as organizações estão migrando da integração vertical e do enfoque interno para a integração externa (SCM), visando integrar todos os membros do canal de abastecimento, com uma orientação muito mais externa.

»» Inovação e suprimentos globais

Existem muitos desafios para a inovação sob um enfoque estratégico. Embora a lista desses desafios seja extensa, em virtude da complexidade ambiental da globalização, é possível relacionarmos quatro desafios que parecem altamente significativos e devem ser a base de um processo de inovação para as organizações que pretendem continuar competindo em mercados globais. Observe-os atentamente:

» um imperativo moral para que as inovações sejam éticas;
» a necessidade de considerar inovações que sejam internacionais (globais);
» a necessidade de criatividade para delinear essas inovações;
» o desafio maior de implementar as inovações que atendam aos desafios anteriores.

Veja que, para Christopher (1999, p. 9), as organizações que conseguem sucesso no mundo atual, em ambientes globais, "são aquelas que conseguem aumentar a taxa de inovação, lançar produtos e serviços mais rapidamente, atender à demanda com tempos de espera menores e conquistar maior confiabilidade". Ou seja, as instituições precisam apresentar elevada capacidade de reação, de forma flexível e dinâmica.

>>> Para saber mais

COLIN, J. O controle dos processos logísticos, uma condição prévia para uma política do *global sourcing*: o caso da indústria automobilística e do varejista mundial. **Prod.**, São Paulo, v. 16, n. 3, dez. 2006. Disponível em: <http://www.scielo.br/scielo.php?script=sci_art text&pid=S0103-65132006000300003>. Acesso em: 20 jan. 2011.

Indicamos a leitura desse artigo porque nele o professor Colin demonstra, com clareza, a importância de se estabelecer a integração interna dos processos logísticos como condição essencial para que o *global sourcing* possa funcionar corretamente, por meio de um estudo de caso interessantíssimo.

Em ambientes globais, é necessário oferecer uma resposta flexível às exigências dessa atuação globalizada:

> *De drástica redução dos preços, de inovação tecnológica, de diversificação na escala dos valores dos consumidores, quer dizer, obter a satisfação dos clientes. Produtos e serviços excelentes, na realidade, não conhecem fronteiras: é esta a única estrada para poder sobreviver. É importantíssimo,*

portanto, compreender bem todas as mudanças e enfrentá-las rapidamente e a custos contidos. (Kobayashi, 2000, p. 16)

Ainda segundo Kobayashi (2000, p. 234), é necessário que as inovações ocorram na logística em termos de mentalidade, sistemas, processo e tecnologias, para se conseguir a satisfação do cliente (por um maior nível de serviço) e a adição de valor na empresa.

Ressaltamos, ainda, que a inovação deve ser resultado de estratégias bem definidas, com foco nas necessidades dos clientes/usuários da organização. Segundo Christopher (1997, p. 122), é possível identificar cinco fatores críticos e importantes. Atente para eles:

1) longos prazos de fornecimento;
2) Transit time extensos e não confiáveis;
3) opções de consolidação e desconsolidação de volumes;
4) modais de transporte e diferentes opções de custo;
5) expedição de WIPs com valor agregado localmente.

Você deve ter conhecimento de que a teoria administrativa tradicional prega a descentralização do processo decisório. Porém, sob a ótica do *global sourcing*, essa prática deve ser repensada, uma vez que as decisões estratégicas devem ser centralizadas, enquanto decisões operacionais são descentralizadas. Ou seja, a coordenação dos processos logísticos deve ser centralizada globalmente e o gerenciamento operacional deve ser local, descentralizado. Você pode perceber isso no Quadro 5.3, mais adiante, em que se exemplificam ações globais e locais.

Segundo o próprio Christopher (1997, p. 165), o gerenciamento das cadeias logísticas globais complexas "é um dos maiores desafios da viabilização da rentabilidade". Portanto, um dos principais desafios nos processos logísticos de *global sourcing* é o de conseguir a necessária rentabilidade para que o negócio seja viável e competitivo.

O desafio do *global sourcing* é sempre logístico, ou seja: como integrar e administrar os elos entre fornecedores, fábricas, centros distribuidores e clientes, além dos operadores logísticos envolvidos no processo.

Ressaltamos que são exatamente esses fatores que exigem inovação para oferecer soluções diferenciadas e, portanto, que gerem vantagem competitiva. Daí a necessidade imperiosa de "pensar global e agir local".

» Quadro 5.3 – Coordenação global e gerenciamento local

Global	Local
Estruturação da rede para otimização da produção e do transporte.	Execução dos pedidos e gerenciamento do serviço ao cliente.
Desenvolvimento e controle dos sistemas de informações.	Gerenciamento e controle dos estoques.
Posicionamento dos estoques.	Gerenciamento do armazém e entrega local.
Decisões sobre fontes de fornecimento.	Análise da lucratividade por cliente e controle dos custos do canal.
Decisões sobre o modal de transporte internacional e sua contratação.	Acordo entre as vendas locais e o gerenciamento global de *marketing*.
Análise do *trade-off* e controle dos custos do processo total.	Gerenciamento dos recursos humanos.

Fonte: Christopher, 1997, p. 130.

Como você pôde perceber neste capítulo, o *global sourcing* é uma prática logística essencial para as organizações que pretendem ser globais e, principalmente, competir em mercados globalizados, sendo a prática que vai permitir manter o foco na necessária rentabilidade, viabilizando a competitividade.

» Síntese

Você viu neste capítulo que a lógica do gerenciamento das cadeias de suprimentos sob uma perspectiva integradora leva as organizações a buscarem manter fornecedores em número reduzido, que sejam capazes de atuar de forma ágil e flexível em diferentes partes do mundo, onde seus clientes atuem. Essa lógica se deve ao fato de que empresas com atuação globalizada buscam, por um lado, a expansão de mercados e, por outro, obter economias de escala em suprimentos e produção, além de concentração das operações produtivas, visando à redução de custos.

Entretanto, esperamos que tenha ficado claro para você que essa lógica apresenta duas exigências para sua implementação: a) adaptar localmente os produtos às exigências do mercado; e b) conseguir um alto nível de coordenação das operações logísticas. Isso leva à necessidade de centralizar coordenação e descentralizar a execução operacional, para evitar que as pressões de custos comprometam a viabilidade da estratégia.

Vimos também que a centralização da coordenação exige maior integração das funções organizacionais, maior cooperação entre produção e logística pela integração entre esses setores, bem como integrar geograficamente fornecedores, processos produtivos, clientes e todos os demais *stakeholders* envolvidos. A decorrência natural desse processo é uma mudança de paradigmas operacionais que exigem novas habilidades gerenciais, uma vez que os sistemas logísticos sofrem um maior nível de exigências.

Outro aspecto que vimos para agregar maior exigência aos sistemas logísticos é um maior volume de fluxos (de informações, de mercadorias e de dinheiro) ao longo das cadeias de suprimentos, dada sua maior dimensão geográfica de atuação. Tais fluxos ocorrem em áreas geográficas mais amplas, com diferentes condições de suporte técnico de tecnologias de informação e de comunicação, bem como de infraestrutura do sistema de transportes. Além disso, por essa amplitude geográfica maior, os tempos de ciclo também são mais significativos, exigindo constante revisão de processos para minimizar o reflexo desses tempos mais longos.

Pudemos entender que a visão integradora do gerenciamento da cadeia de suprimentos (SCM), de forma a gerenciar os macroprocessos envolvidos em cadeias de suprimentos globalizadas, objetiva permitir redução de custos, agregação de valor e obtenção de vantagem competitiva. Isso é possível, entre outros motivos, por um maior suporte de recursos de tecnologias de informação e de comunicação, que permitem integrar as duas pontas da cadeia de suprimentos (fornecedor – cliente), passando pela indústria e todo seu canal de distribuição.

Também tivemos oportunidade de ver que essa atuação global combina três elementos essenciais para se buscar o sucesso em *marketing*: a) oferta de vantagens ao cliente; b) oferta de vantagens aos membros do canal de distribuição (intermediários); e c) construir cadeia de suprimentos eficiente. Essa busca por oferta de vantagens conjuntas implica relações tipo *ganha-ganha*, em que se obtém uma nova visão da logística para compreender e gerenciar os desafios e oportunidades representados por uma economia globalizada, onde as práticas de *global sourcing* agregam maior competitividade às organizações.

>>> Estudo de caso

Redesenhando o canal de suprimentos da K & R

A importação da Índia apresenta vantagens do ponto de vista de comprar dos principais produtores mundiais. Porém, é necessário comprar grandes volumes (equivalentes a seis meses de produção), gerando elevados estoques nas fábricas. Comprar da Espanha apresenta a vantagem de se adquirir apenas o necessário para a produção do período desejado. Contudo, os custos de aquisição na Espanha são em torno de 30% (trinta por cento) maiores que a compra realizada dos exportadores indianos.

As operações portuárias na Índia são extremamente precárias se comparadas com as operações portuárias na Espanha. Os tempos de ciclo (*lead time*) de suprimentos, considerando-se o tempo de desembaraço aduaneiro, são os seguintes.

a) Aquisições na Argentina – para o Chile = 7 dias – para o Brasil = 6 dias
b) Aquisições no México – para o Chile = 21 dias – para o Brasil = 32 dias
c) Aquisições na Espanha – para o Chile = 21 dias – para o Brasil = 18 dias. Exportação via Porto de Madrid.
d) Aquisições na Índia – para o Chile = 45 dias – para o Brasil = 40 dias. Exportação via Porto Jawaharlal Nehru.

As importações para o Chile acontecem via Porto de Antofagasta e, para o Brasil, via Porto de Santos.

As aquisições no mercado interno apresentam os seguintes tempos de ciclo:

» Aquisições no Brasil: 3 dias.
» Aquisições no Chile: 2 dias.

Com o auxílio de informações obtidas pela análise de mapas, informações de operadores de transporte marítimo, entre outras fontes de consulta, e analisando a situação atualmente existente, como você reordenaria o esquema de suprimentos da empresa, de forma a melhorar os tempos de ciclo e, ainda, aumentar a rentabilidade da empresa por meio da redução de custos?

❱❱ Questões para revisão

1) Como podemos entender o *supply chain management* (SCM)?

2) Qual é um dos principais desafios nos processos logísticos de *global sourcing*?

3) Um exemplo de práticas de *global sourcing*, complementadas com práticas de *outsourcing* e *follow sourcing*, pode ser:
   a. produção de biscoitos.
   b. produção dos "carros mundiais".
   c. importação de medicamentos.
   d. exportação de petróleo.
   e. todas as alternativas anteriores estão corretas.

4) Qual o conceito de fundamental importância para a compreensão do papel da logística nas operações globais?
   a. O de fluxos logísticos.
   b. O de plataformas logísticas.
   c. O de *outsourcing*.
   d. O de *supply chain management*.
   e. O de *follow sourcing*.

5) O conceito que visualiza a cadeia produtiva como um todo, entendendo a necessidade de gerenciar o sistema logístico de forma integrada na cadeia, é o conceito de:
   a. fluxos logísticos.
   b. plataformas logísticas.
   c. outsourcing.
   d. supply chain management.
   e. follow sourcing.

» Questões para reflexão

1) Qual o objetivo da visão integradora do gerenciamento da cadeia de suprimentos (SCM)? Como isso é possível?
2) Quais as exigências apresentadas à lógica do gerenciamento da cadeia de suprimentos sob uma perspectiva integradora?

Para concluir...

Ao longo desta obra, você pôde observar uma série de temas que se configuram como tópicos especiais em logística, uma vez que ainda não ganharam um "corpo" de conhecimentos suficientes para serem disciplinas isoladas dentro da área. Porém, são assuntos extremamente atuais e relevantes para quem pretende atuar no ambiente logístico.

Vimos o papel dos sistemas logísticos e o significado da resposta rápida para mercados cada vez mais exigentes por um nível de serviço mais elevado, sendo que as ferramentas necessárias para isso implicam flexibilidade dos sistemas logísticos. Isso ocorre em razão de que, cada dia mais, a concorrência é baseada em soluções temporais. Ou seja, buscam-se formas de competir por meio de atividades produtivas e logísticas mais rápidas, ágeis e flexíveis. Estudamos as diferentes "ferramentas" que podem ser empregadas para obtermos uma resposta mais rápida às demandas dos clientes, como: postergação *versus* consolidação, planejamento colaborativo, reposição contínua, estoques gerenciados pelo vendedor e resposta eficiente ao consumidor. Também vimos algumas barreiras que se colocam aos sistemas de resposta rápida e o que fazer para superá-las.

Conhecemos a figura do operador logístico, que veio para ser um provedor de serviços logísticos, atuando, principalmente, nos canais de distribuição. Esse profissional, ao desempenhar as atividades logísticas com efetividade, agrega valor aos produtos.

Em seguida, estudamos o tema plataformas logísticas, pouco discutido no Brasil e extremamente importante, atual e necessário para o desenvolvimento econômico nacional, uma vez que a existência dessas plataformas pode alavancar o crescimento econômico nacional. Apresentamos ainda as razões para se ter plataformas logísticas, conhecendo seus diferentes tipos e elementos integrantes, e pudemos conhecer exemplos de dois outros países (Espanha e França) e sentir a necessidade de sua existência em diferentes pontos do território brasileiro.

Estudamos também a prática de buscar fontes de fornecimento em qualquer ponto do globo terrestre, como forma de alavancar a rentabilidade das organizações. Isso porque, diante de um mundo cada vez mais global, é necessário que as organizações compreendam as forças da globalização e as novas exigências que ela impõe. Vimos os princípios básicos das operações globais: integração geográfica, funcional e setorial. Por fim, concluímos com uma proposta de um novo olhar sobre a logística, exigindo inovação e suprimentos globais para manter a competitividade organizacional.

Todos os tópicos que abordamos são fundamentais para que as organizações obtenham maior competitividade, possível de ser conseguida com maior agilidade, rapidez e flexibilidade com base nas práticas de logística de resposta rápida, do *global sourcing* e do uso de plataformas logísticas. Assim, esperamos que você tenha percebido que o fio condutor desses tópicos especiais é exatamente o nível de serviço ao cliente, aliado aos imperativos competitivos de agilidade, rapidez e flexibilidade, uma vez que a necessidade de oferecer cada vez mais serviços agregados aos produtos, como forma de adição de valor, faz com que os sistemas logísticos sejam exigidos a limites extremos e, por consequência, que os profissionais da área estejam preparados para isso.

» Referências

ABML – Associação Brasileira de Movimentação e Logística. Conceito do operador logístico. 1999. Disponível em: <http://www.abml.org.br/website/downloads/conceitoDoOperadorLogistico.pdf>. Acesso em: 17 jan. 2011.

AROZO, R. Planejamento colaborativo: em busca da redução de custos e aumento do nível de serviço nas cadeias de suprimento. Disponível em: <http://www.multistrata.com.br/site-brasilian/biblioteca/cpfr.htm>. Acesso em: 12 maio 2011.

BALLOU, R. H. Logística empresarial: transportes, administração de materiais e distribuição física. São Paulo: Atlas, 1993.

BOUDOUIN, D. Logística – território – desenvolvimento: o caso europeu. In: SEMINÁRIO INTERNACIONAL: LOGÍSTICA, TRANSPORTE E DESENVOLVIMENTO, 1., 1996, Fortaleza. Logística, transportes e desenvolvimento. Fortaleza: UFC/CT/DET, 1996.

BOWERSOX, D. J.; CLOSS, D. Logística empresarial: o processo de integração da cadeia de suprimento. São Paulo: Atlas, 2001.

BREITINGER, J. Acertos (e erros) de quem venceu. Portal Exame, São Paulo, jul. 1998. Disponível em: <http://portalexame.abril.com.br/revista/exame/edicoes/0665/acertos-erros-quem--venceu-49130.html>. Acesso em: 13 jul. 2010.

CHRISTOPHER, M. Logística e gerenciamento da cadeia de suprimentos: estratégias para a redução de custos e melhoria dos serviços. São Paulo: Pioneira, 1997.

CHRISTOPHER, M. O marketing da logística: otimizando processos para aproximar fornecedores e clientes. São Paulo: Futura, 1999.

CLM – Council of Logistics Management. World Class Logistics: the Challenge of Managing Continuous Change. Ilinois: The Global Logistics Research Team/ Michigan State University, 1995.

COLIN, J. Les évolutions de la logistique en Europe: vers la polarisation des espaces. In: SEMINÁRIO INTERNACIONAL: LOGÍSTICA, TRANSPORTE E DESENVOLVIMENTO, 1., 1996, Fortaleza. Logística, transportes e desenvolvimento. Fortaleza: UFC/CT/DET, 1996.

COUGHLAN, A. T. et al. Canais de marketing e distribuição. 6. ed. Porto Alegre: Bookman, 2002.

CSMP – Council of Supply Chain Management Professionals. Glossary of Terms. Disponível em: <http://cscmp.org/digital/glossary/document.pdf>. Acesso em: 13 jul. 2010.

DISTRIBUIÇÃO trilha novos rumos: modalidades de serviços como brokers e operadores logísticos atraem o setor atacadista e geram benefícios para toda a cadeia. Distribuição, São Paulo, ano IX, n. 101, p. 170-194, abr. 2001.

DORNIER, P.-P. et al. Logística e operações globais: texto e casos. São Paulo: Atlas, 2000.

DUARTE, P. C. Modelo para o desenvolvimento de plataforma logística em um terminal: um estudo de caso na estação aduaneira do interior. 100 f. Dissertação (Mestrado em Engenharia de Produção) – Programa de Pós-Graduação em Engenharia de Produção,

Universidade Federal de Santa Catarina, Florianópolis, 1999. Disponível em: <http://www.eps.ufsc.br/disserta99/costa/index.htm>. Acesso em: 11 abr. 2007.

DUBKE, A. F.; FERREIRA, F. R. N.; PIZZOLATO, N. D. Plataformas logísticas: características e tendências para o Brasil. In: ENCONTRO NACIONAL DE ENGENHARIA DA PRODUÇÃO – Enegep, 24., 2004, Florianópolis. Anais... Florianópolis: Enegep, 2004.

FRIEDMAN, T. L. O mundo é plano: uma breve história do século XXI. Rio de Janeiro: Objetiva, 2005.

KASARDA, J. D. Global Transpark Brasil: infraestrutura para uma vantagem competitiva. Revista Tecnologística, São Paulo, ano III, n. 24, nov. 1997.

KOBAYASHI, S. Renovação da logística: como definir as estratégias de distribuição física global. São Paulo: Atlas, 2000.

LEITE, P. R. Logística reversa: meio ambiente e competitividade. São Paulo: Prentice Hall, 2003.

MCLUHAN, M. The Medium Is the Message. USA: Bantam Books, 1967.

NOVAES, A. G. Logística e gerenciamento da cadeia de distribuição: estratégia, operação e avaliação. Rio de Janeiro: Campus, 2001.

PARANÁ, plataforma logística. Revista Tecnologística, São Paulo, ano IV, n. 32, jul. 1998.

RAZZOLINI FILHO, E. Flexibilidade logística como diferencial estratégico para aumento de competitividade. 2004. 303 p. Tese (Doutorado em Engenharia de Produção) – Programa de Pós-Graduação em Engenharia de Produção, Universidade Federal de Santa Catarina, Florianópolis, 2004.

_____. Glossário de logística. Disponível em: <www.pessoal.onda.com.br/razzolini>.

Acesso em: 13 ago. 2010.

RAZZOLINI FILHO, E. Logística: evolução na administração – desempenho e flexibilidade. Curitiba: Juruá, 2006.

____. Transporte e modais: com suporte de TI e SI. Curitiba: Ibpex, 2007.

RAZZOLINI FILHO, E.; MARQUES, C. F.; STADLER, H. Cooperativismo: associativismo ou integracionismo? Disponível em: <http://www.empresas.ufpr.br/cooperativismo.pdf>. Acesso em: 13 jul. 2010.

ROSA, D. P. Plataforma logístico-cooperativa: integração horizontal das cadeias de abastecimento. In: CONGRESSO DE PESQUISA E ENSINO EM TRANSPORTES, 18., 2004, Florianópolis. Anais eletrônicos... Florianópolis: Anpet, 2004.

SEBRAE – Serviço de Apoio às Micro e Pequenas Empresas. Fatores condicionantes e taxas de sobrevivência e mortalidade das micro e pequenas empresas no Brasil 2003-2005. Brasília, 2007. Disponível em: <http://www.biblioteca.sebrae.com.br/bds/BDS.nsf/8F5BDE79736CB99483257447006CBAD3/$File/NT00037936.pdf>. Acesso em: 13 jul. 2010.

SEQUEIRA, A. F. Sistema logístico nacional. jun. 2002. Disponível em: <http://www.guiadelogistica.com.br/ARTIGO336.htm>. Acesso em: 8 jun. 2007.

SILVA, O. S. T. Exemplos de plataformas logísticas intermodais na Europa (Parte I). Jornal do Comércio, Logística & Negócios, Manaus, Disponível em: <http://www.jcam.com.br/materia.p?idMateria=45027&idCaderno=2>. Acesso em: 31 maio 2007.

SLACK, N.; CHAMBERS, S.; JOHNSTON, R.

Administração da produção. São Paulo: Atlas, 2000.

VICS – Voluntary Interindustry Commerce Association – Supply Chain Management. Collaborative Planning, Forecasting and Replenishment (CPFR®) Committe. Disponível em: <http://www.vics.org/committees/cpfr/>. Acesso em: 10 mar. 2011.

WHEELER, S.; HIRSH, E. Los canales de distribución: como las compañías líderes crean nuevas estratégias para servir a los clientes. Bogotá: Editorial Norma, 2000.

» Respostas

»» Capítulo 1

Questões para revisão

1) O principal suporte para os sistemas logísticos de resposta rápida tem sido os recursos da tecnologia da informação, uma vez que as tecnologias atualmente disponíveis permitem integração e intercâmbio de informação entre as organizações que integram as cadeias logísticas.

2) Uma plataforma logística pode ser definida como uma central de distribuição, consolidação e desconsolidação ou simples transbordo de cargas, que reúne as diferentes opções de modais de transportes (rodoviário, ferroviário, aeroviário, dutoviário, aquaviário), contando com infraestrutura para assegurar um funcionamento operacional eficiente aos sistemas logísticos.

3) c
4) b
5) a

Questão para reflexão

1) Como você deve ter entendido, o termo *global sourcing* nos permite compreendê-lo como a prática de suprimentos globais. Ou seja, trata-se de abastecer a organização com suprimentos oriundos de qualquer parte do mundo, bem como suprir os clientes, localizados em qualquer lugar do mundo, com os produtos da organização. Para tanto, utiliza-se das práticas de ampliação de mercados, obtenção de economias de escala (em compras e em produção), por meio da concentração das operações de fabricação e/ou montagem.

>>> Capítulo 2

Questões para revisão

1) Com o suporte dos recursos das TICs é possível entregar pedidos com maior nível de precisão, de forma rápida e flexível, substituindo a antecipação de estoques em armazéns próximos aos pontos de consumo ou utilização, por processamento rápido de pedidos e entregas expressas a partir de instalações centralizadas.

2) É uma prática de parceria entre membros do canal de distribuição que altera o processo tradicional de reposição de mercadorias, de geração de pedidos elaborados pelo distribuidor, com base em quantidades economicamente

convenientes, para a reposição de produtos em base em previsão de demanda efetiva. É uma alternativa de ressuprimento em que os estoques são repostos quando os controladores de estoque indicam um ponto de emissão de ordem de ressuprimento predeterminado (definido em conjunto entre o fornecedor e o cliente).

3) a
4) c
5) d

Questões para reflexão

1) Essencialmente, um sistema logístico que responde rapidamente às mudanças ambientais é um sistema efetivo (eficiente e eficaz) em termos de atender às demandas do mercado (fornecedor e/ou comprador) no momento em que elas acontecem. Diante disso, a logística de resposta rápida trata de disponibilizar ao cliente produtos e/ou serviços, no momento desejado, no local desejado, ao menor custo possível.

2) Sim, podem afetar negativamente caso não se utilizem recursos de TIC de forma efetiva, uma vez que informações precisas e confiáveis são essenciais. Porque, caso as previsões não estejam corretas, o tempo de reação poderá ser elevado, prejudicando o nível de serviço.

>>> Capítulo 3

Questões para revisão

1) Há várias formas de você responder essa questão: o operador logístico é um prestador de serviços logísticos terceirizado, ou, ainda, é a empresa prestadora de serviços, especializada em gerenciar e executar todas as atividades logísticas, ou parte delas, nas várias fases da cadeia de abastecimento de seus clientes, agregando valor aos produtos destes, ou, por fim, é uma empresa especializada em assumir a operação parcial ou total de determinados processos dentro da cadeia logística.
2) Devemos entender gestão de informações logísticas como um conjunto de atividades relacionadas com: determinação de necessidades informacionais; coleta/obtenção das informações; tratamento; armazenamento/processamento; disseminação; uso das informações que são essenciais a um desempenho otimizado dos serviços logísticos prestados.
3) a
4) e
5) d

Questões para reflexão

1) São duas as classificações que você deve ter apontado:
   a. Operador baseado em ativos – aquele que possui os recursos (ativos) necessários para realizar a operação (como armazéns, caminhões, empilhadeiras etc.).
   b. Operador baseado em *expertise* – aquele que não possui ativos, contratando terceiros conforme a necessidade, mas que é especializado em gerenciar sistemas logísticos.

2) Podemos classificá-los como:
   a. Operadores de amplo espectro – são aqueles operadores logísticos que realizam a maioria (senão todas) das atividades logísticas (primárias e operacionais), atendendo às demandas dos seus clientes sob medida. Também desenham em conjunto com os clientes as operações logísticas necessárias para agregar valor aos produtos/serviços de seus clientes.
   b. Operadores de espectro limitado – são operadores que atuam em determinadas situações de demanda específica dos seus clientes, oferecendo serviços em apenas algumas das atividades logísticas (primárias e/ou operacionais). Porém, também desenham as operações em conjunto com seus clientes, principalmente para solucionar problemas específicos caso a caso.

❯❯❯ Capítulo 4

Questões para revisão

1) As principais razões para a necessidade de plataformas logísticas estão relacionadas diretamente ao crescimento do comércio internacional.
2) As plataformas logísticas existem para facilitar e/ou agilizar os processos logísticos das empresas.
3) b
4) c
5) d

Questões para reflexão

1) Pode possibilitar o desenvolvimento por vários motivos: levando acesso a bens e serviços antes indisponíveis na região, permitindo geração de empregos (e distribuição de renda) e, principalmente, por reunir pessoas com conhecimentos específicos que podem garantir desenvolvimento regional pela simples transmissão de tais conhecimentos.
2) Com certeza, uma vez que tais investimentos resultam no desenvolvimento regional, geração de emprego e renda e desenvolvimento de novos conhecimentos.

>>> Capítulo 5

Questões para revisão

1) Podemos entendê-lo como uma nova forma de administrar, para evitar desperdícios, reduzir custos, oferecendo um melhor serviço ao consumidor, e uma nova forma de visão administrativa, que significa conjugar "todos os esforços inter e intraorganizacionais no sentido de atender às necessidades e/ou desejos do cliente final" (Razzolini Filho, 2006, p. 32).

2) Você deve ter apontado que um dos principais desafios nos processos logísticos de *global sourcing* é o de conseguir a necessária rentabilidade para que o negócio seja viável e competitivo.

3) b
4) a
5) d

Questões para reflexão

1) O SCM objetiva gerenciar os macroprocessos envolvidos em cadeias de suprimentos globalizadas, visando permitir redução de custos, agregação de valor e obtenção de vantagem competitiva. Isso é possível por um maior suporte de tecnologias da informação e de comunicação

(TICs), que possibilitam integrar as duas pontas da cadeia de suprimentos (fornecedor-cliente), passando pela indústria e por todo seu canal de distribuição.

2) Você deve ter apontado que são duas as exigências:

» Adaptar localmente os produtos às exigências do mercado.
» Conseguir um alto nível de coordenação das operações logísticas. Ou seja, coordenação centralizada e operação descentralizada.

» Sobre o autor

Paranaense, natural de União da Vitória, casado com Regina Célia, pai do Giancarlo e da Paola Camille e avô do Gabriel, **Edelvino Razzolini Filho** é mestre e doutor em Engenharia da Produção na área de Logística Empresarial pela Universidade Federal de Santa Catarina (UFSC) e graduado em Administração pela Universidade Federal do Paraná (UFPR).

Ao longo de sua carreira, foi supervisor e gerente de vendas de várias empresas distribuidoras de materiais e equipamentos médico-hospitalares no Sul do Brasil, bem como gerente de produtos de indústria farmacêutica, com atuação em todo o território nacional. Ocupou ainda o cargo de sócio-diretor da empresa K. R. Consultoria e Assessoria Empresarial LTDA., e de Diretor Presidente da Cooperativa de Educadores e Consultores de Curitiba (UNIEDUC), exercendo atividades de treinamento e consultoria em logística.

Atualmente, é professor adjunto no Departamento de Ciência e Gestão da Informação (DECIGI) DA UFPR. É também autor de outras obras, além de ter artigos publicados em revistas e em anais de eventos científicos nacionais e internacionais.

Os papéis utilizados neste livro, certificados por instituições ambientais competentes, são recicláveis, provenientes de fontes renováveis e, portanto, um meio responsável e natural de informação e conhecimento.

FSC
www.fsc.org
MISTO
Papel | Apoiando o manejo florestal responsável
FSC® C103535

Impressão: Reproset
Agosto/2023